从普通到优秀

中国中小企业成长之道

刘义军 ◎ 著

光明日报出版社

图书在版编目（CIP）数据

从普通到优秀：中国中小企业成长之道 / 刘义军著
－－北京：光明日报出版社，2023.5
ISBN 978－7－5194－7200－9

Ⅰ.①从… Ⅱ.①刘… Ⅲ.①中小企业—企业成长—
研究—中国 Ⅳ.①F279.243

中国国家版本馆 CIP 数据核字（2023）第 078138 号

从普通到优秀：中国中小企业成长之道
CONG PUTONG DAO YOUXIU：ZHONGGUO ZHONGXIAO QIYE CHENGZHANG
ZHIDAO

著　　者：刘义军	
责任编辑：刘兴华	责任校对：李　倩　张月月
封面设计：中联华文	责任印制：曹　净

出版发行：光明日报出版社

地　　址：北京市西城区永安路 106 号，100050

电　　话：010－63169890（咨询），010－63131930（邮购）

传　　真：010－63131930

网　　址：http：// book. gmw. cn

E－mail：gmrbcbs@ gmw. cn

法律顾问：北京市兰台律师事务所龚柳方律师

印　　刷：三河市华东印刷有限公司

装　　订：三河市华东印刷有限公司

本书如有破损、缺页、装订错误，请与本社联系调换，电话：010-63131930

开　　本：170mm×240mm			
字　　数：128 千字		印　　张：11.5	
版　　次：2023 年 5 月第 1 版		印　　次：2023 年 5 月第 1 次印刷	
书　　号：ISBN 978－7－5194－7200－9			
定　　价：68.00 元			

序　言

　　中国经济从粗放式发展向生态化、集约化、智能化产业升级调整，这也意味着供给侧结构性改革肯定要逐步压缩和渐少低端制造业低效、高能耗、高污染产业的生存空间。低效只会产生低利润，而低利润肯定不能支持企业的健康发展，更不能支持企业负债经营，这就产生挤出效应。把产业内的僵尸企业挤出去，把行业内的无效产能和低效产能挤出去，应该说这是供给侧结构性改革的一个主因。

　　中小企业底子薄、技术差、高级人才缺乏，在供给侧结构性改革的大环境下，要积极地寻找新的发展空间。不论是在传统产业进行产品创新、经营模式创新，还是走向专一、专业、专注的做强之路，这都是可取的。中小企业只有放弃做大，特别是放弃大而全的想法，才是当下要走的第一步。细分市场、细分产品的隐形冠军才是中小企业的最终归宿。

　　在企业经营方面，国内中小企业的管理一直是企业发展的短板，基本上都处于从经验管理向制度管理的转变阶段，还没有形成有效、高效的管理体系。中小企业不仅要面对市场的竞争，更要不断地学习，把自己的经营水平提高到与企业发展相匹配的水平上。中小企业要走的路还很长，可借鉴的经验却很少，国内虽然有很多经管类图书，符合中小企业并有所启迪的却寥寥无几。前些年的《基业长青》《追求卓越》《从优秀到卓越》等，虽然在国内大受欢迎，但对中小企业却毫无用处。

希望从供给侧结构性改革谈中小企业的发展，切中时弊，使中小企业从普通到优秀，提供启迪和帮助。只有中小企业优秀了，才有机会追求卓越，追求基业长青。

刘义军

2022 年 5 月 28 日

目 录
CONTENTS

第一章　补短板——管理

　　管理在企业的经营中越来越重要，一个企业的生产效率、资金周转率及公司的利润率，都体现在管理水平上。管理已经成为企业发展的核心支撑，也成为企业竞争中的核心竞争力之一，但是企业管理的水平、管理思维与历史变革息息相关。

　　管理是与人类社会相伴相生的，从原始社会开始，管理即已萌芽。在原始社会的群居、部落、族居的生态中，都会有一个首领或族长来管理部落、家族。比如，部落里的人员分工、事务决断、部落规矩等，这都是管理。可能这样管理的方式、方法比较简单、单一，但也是管理，或者说是管理的雏形，提高了部落的食物获取能力、生存能力。管理的技巧与经验并重，提高了管理的效率，更是提高了劳动生产率。应该准确地说，管理的第一次成型是在奴隶社会，这是标准的以人管人、以经验管理的正式开始。

　　人类在进入封建社会后，管理也随之发展，可以说封建社会的发展，也是管理的发展。如果说奴隶社会的管理是人管人，层级不明显，到了封建社会，管理的层级明显地凸显出来，而且更加有效、职责更明确。这个时期是管理学上的一个大发展，更为以后的管理学打下一个好的基础。

进入资本主义社会，最关键的是工业革命引起的工业兴盛，带动管理学科又一次飞跃。管理已经成为工业发展中相互依存的关系，从工业大生产的标准化，到制度管事、岗位管人。特别是众多的管理学家在这个阶段不断推陈出新，让管理成为一个大学科，更成为一门管理科学。美国的科学管理之父泰勒、法国的一般管理之父法约尔、德国的官僚管理之父韦伯，共同奠定了古典管理理论的基础。

第二次工业革命后，由于电气化的发展，催生了众多的创新，管理也不例外，管理创新成为推动社会发展、生产效率提升的主因。例如，福特汽车的创始人福特，通过发明流水线式的制造组装，在大幅度提高劳动生产率的同时，提高生产质量。同时大幅度降低汽车售价，使福特T型车成为国际上第一款真正可以普及的汽车，也是普通民众都可以买得起的一辆汽车。纵观工业变革史，也是管理的发展变革史。

第三次工业革命后，核能、计算机信息技术、生物技术的快速发展，加大了对管理、营销、品牌及战略的需求，科特勒、明茨伯格、迈克尔·波特、德鲁克等大受欢迎。管理学又细分成众多的子学科，推动社会及企业的管理大变革、大发展。

面对正在进行的第四次工业革命，不仅仅是在技术工业领域要有与第四次工业革命相匹配的新工业思想，更要有与新工业革命相得益彰的管理变革，才能促进新的工业革命的生产率实现大提升、大发展。面对到来的新工业革命，中小企业怎样迎头赶上实现弯道超车呢？这就需要从发展史的角度，来展望未来的路径。

一、农业社会的管理——经验式管理

原始农业的启蒙到成熟，形成了刀耕火种的农业生产，这里有代代相传的传承、代代相传的衔接，就有经验以及管理。这个管理可以从两个维度来理解。

第一个管理维度的理解，就是原始农业田间生产的管理。刀耕火种本身次序错了，应该是火种在前，刀耕在后。原始农业一般在春天先用火烧光地上的野草，然后用刀耕土地，进行播种。无论是火烧野草，使野草灰成为农作物生长的肥料，还是刀耕的具体要求，这都是原始农业的生产管理之一。

第二个管理的维度是人员的管理，也就是原始社会的核心。原始农业的分工管理，一般以族长或部落首领为核心，进行人员的每日工作安排。这个工作安排，就是管理，也是计划，更是对原始农业社会的管理。原始农业社会的管理就是管理的雏形、管理的开端。原始农业社会的管理，是人管人的第一步，也是经验管理的第一步。这个时期的管理，是直管，也是管理层级最少的时期，可以称为原始管理。

（一）奴隶社会时期的管理——分工与层级

原始社会瓦解后出现人剥削人的社会，以奴隶主占有奴隶的人身，实行超经济奴役为主要特征。奴隶社会替代原始社会，为生产力的发展创造了必要的条件。

一是在奴隶制度下，战俘不再被杀死，而是成为奴隶，从而保存了大量的劳动力。拥有大量的劳动力，就有可能为社会创造更多的财富，有利于整个社会的发展。

二是大规模的生产和劳动协作。奴隶主占有大量的生产资料和大量的奴隶，集中在自己的庄园和作坊中，可以组织较大规模的生产，从而提高生产效率，完成较大规模的工程。

三是分工和协作的发展。大量的奴隶在大规模的生产劳动中，进行简单的分工协作，使不同的工种之间、工种内部的分工越来越细化。奴隶的劳动技能和熟练程度不断提高，劳动生产率也迅速提高，促进了奴隶社会生产力水平的进一步提高。

奴隶制的建立基本上适应了当时生产力发展的需求，极大地促进了生产力的发展。奴隶制社会取代原始社会是人类历史发展中的一个巨大进步，一种社会制度能否取代另一种社会制度，在于新的社会生产关系是否与当时的生产力发展相适应。奴隶制社会的形成，是脑力劳动与体力劳动的分工与对立共同促成的。

奴隶制社会的形成，发明了文字，直接促进了脑力劳动与体力劳动的分工。脑力劳动者在科学文化方面取得很大的成就，没有脑力劳动者，就谈不上创造。而没有体力劳动者从事生产实践，脑力劳动者的创新也就大失其色。所以，脑力劳动者与体力劳动者分离之后，脑力劳动者基本属于奴隶主阶层及管理层，他们利用自己的科学文化知识，加强对奴隶的统治。这种用科学知识对奴隶的统治，就是以管理为核心的。如果说原始社会是人管人，一个人管十几个人、几十个人的部落，那么奴隶社会则是管理几百人、几千人、几万人。一个奴隶主管理几千人、几万人，肯定管理不过来，管理层应运而生，管理层上对奴隶主负责，下对奴隶进行分工管理，奴隶社会因为脑力劳动与体力劳动大分工，又促进了管理的分级。

　　奴隶制社会的形成，也是管理发展的必然产物，管理从原始社会人管人的单层管理，过渡到奴隶社会的多层级管理。以大奴隶主为核心、以脑力劳动者为管理层、以奴隶为被管理的大生产形态，形成了三级以上的管理体系，管理，从此成了社会发展变革的核心。管理，使个人组成团队，组成社会生产的大分工。可以说，奴隶制社会促进了管理层的形成，也就是现代版的经理人，并带动了劳动大分工，为社会的生产效率提高做出巨大贡献。管理从原始社会的懵懂，到奴隶社会的初萌，引导了社会的发展。

　　（二）封建社会时期的管理——授权

　　奴隶社会、原始社会、封建社会，可以统称为农业社会，农业社会的发展演进是管理创新的演进，这也是无可非议的。提到封建社会，什么是封建？封建是指分封制的社会结构，这种提法是指中国的商、周、秦、汉、唐、宋、元、明、清时代的社会制度，封建制无疑比奴隶制优秀得多。

　　分封，是封建社会的核心。帝王为国家的最高权力人，可以把一个地方的治权及土地赠予指定的人，而这个赠予就是分封。如果这个分封以现代管理学的角度来看，相对立的就是授权。管理的授权与分封是有异曲同工之妙的。

　　授权是一门管理艺术，充分合理的授权使管理者不必亲力亲为，从而有更多的时间和精力投入企业的发展战略上，以及引领下属更好地管理运营好企业。授权的依据是目标和绩效，根据职务担负目标责任的大小而授予相对应的权力，同时遵守一定的原则：

　　一是相近原则，给下级授权，不能越级授权。

　　二是明责授权，授权以责任为前提，明确职责。

从以上授权的角度来说，与封建社会的分封制别无二致。可以说，在农业社会的管理中，无论是原始社会的经验式管理，还是奴隶制社会的分工管理与层级，都远远落后于封建社会的授权管理。可以这样说，封建社会的分封制，不仅仅是社会体制的形成，更是管理的创新，也是政管一体的创新。分封制极大地促进了社会的发展，更促进了管理的创新与发展，封建社会是农业社会阶段的最高形式。

（三）改革开放后的思想解放

中国进入半封建社会半殖民地以后，在管理创新上也走进了死胡同。在西方国家进入工业革命后，以工业思维领导的资本主义社会迅速发展，并在管理上加快创新，形成了健全的管理体制。工业革命、工业思维、工业管理，是农业社会时期管理方面的升华，更是一个大转型。可以说是工业思想推动了资本主义社会的形成与发展。而同时期的中国，在社会的动荡中，直至中华人民共和国成立前，都没有完成第一次、第二次工业革命，所有的思维还处在封建社会时期。

新中国成立后，中国开始大规模的工业化建设，应该说中国是直接进入第二次、第三次工业革命并且同步进行的。中国在短时间内，以一个农业大国过渡到农工结合的农工大国，中国的管理上了一个大台阶。但不可否认的是，中国的工业管理能力、工业思维、市场思维并没有同步跟上，国内管理企业的能力越来越力不从心。改革开放以后，面对国内市场国际化的情况，国内企业加快学习国外的先进管理理念、管理理论、管理制度，已经成了当务之急。

除了学习西方国家优秀的管理思想，我国的企业家更应该在工业思想的基础上，解放思想跟上工业革命前进的步伐。在信息社会，利用第四次工业革命的新思维、新思想迎头赶上，才是带领中国企业管理创新的路径。中国的管理从世界上的领先到落后，再学习赶上，需要一个非常长的时间。在学习中知行合一、学以致用，在举一反三中沉淀、升华。希望以体制的优势，在未来的第五次工业革命中，我国可以以管理的创新，领先于西方国家。

二、工业社会的管理思维——制度

18世纪以英国发起的技术革命从生产领域发生变革，以蒸汽机为动力的大工厂制的建立，更推动了交通运输业的革新。这场技术革命，开创了以机器替代手工业劳动的时代，不仅是一次技术革命，更是一场深刻的工业变革，推动了管理领域、经济领域、政治领域、思想领域、世界市场等诸多方面的变革。

欧洲各国因为工业革命的相继完成，出现了大批工厂。工厂制度形成，劳动社会化进一步加强，如何分工协作，如何减少资本耗费以赚取更多的利润，就成为现实管理中继续解决的问题。这一时期管理上的基本特点是：工厂所有者凭借个人的才能和经验进行管理，工厂的所有者即是管理者，直接组织指挥生产，独立的管理层尚未形成。管理者与被管理者直接对立，所以，这一时期又被称为"传统管理时期"。

通过工业革命这场巨大的社会变革，小手工业被大机器替代，社会的基本组织迅速从以家庭为单位向以工厂为单位转变。在以家庭为基本生产单位时，管理不被重视，也没有必要被分离出来。但在工厂中，机器是集中的，员工是雇佣的，管理成为必然和必须的。正是由于这些社会化生产的发展和现实的经济需要，促进了管理思想的演变和发展。受历史环境的限制，此时的管理思想不够系统、全面，也没有形成专门的管理理论与学派，但这些思想是管理思想史上不可或缺的一环。此后很多著名的管理学家正是在这些思想基础上发展出了自己的管理理论，形成独立的管理学派。如斯图亚特提出了工作方法研究和鼓励性工资的实质，亚当·斯密系统地论证了劳动价值论及劳动分工理论，欧文为一百年后泰罗创造出"科学管理"奠定了基础、被誉为"现代人事管理之父"，等等。可以说，这一时期的管理思想在管理思想史上具有深远的影响。

1. 詹姆斯·斯图亚特。

斯图亚特研究了产品制造所带来的各种问题，尤为重要的是，斯图亚特提出了劳动分工的概念，并发现了由于劳动分工的重复操作而使生产效率得以提高。斯图亚特提出了工作方法研究和激励工资的实质。

斯图亚特提出了管理人员与工人之间的分工。对机器在制造业上的应用与工人失业的问题，斯图亚特指出，有些工人虽然会由于机器被用于制造业而暂时失业，但机器会创造出比它从工人那里夺去的更多的就业机会，因而失业的工人会很快在更完善的经济中重新得以雇佣。

斯图亚特的观点是在英国工业革命前期产生的，对工业革命产生了很大的推动作用。

2. 亚当·斯密。

亚当·斯密不仅仅是一位伟大的经济学家，更是一位优秀的管理学家。亚当·斯密在 1776 年发表的《国民财富的性质和原因的研究》为政治经济学的理论体系奠定了基础，其中一些理论观点对后来西方资产阶级管理思想的发展也产生了深远的影响。最主要的是亚当·斯密阐述的分工理论和利己主义的人性观，比后来的学者早了近一个世纪。

亚当·斯密把劳动分工同国民财富的增长直接联系起来，他在《国民财富的性质和原因的研究》一书中的序言中写道："一国国民每年的劳动，本来就是供给他们每年消费的一切生活必需品和便利品的源泉。但是，能够提供多少生活必需品，一方面取决于从事有用劳动的人数，另一方面还取决于劳动者的熟练、技巧和判断能力。而劳动生产的增进，以及运用劳动时所表现更好的熟练、技巧和判断力，似乎都是劳动分工的结果。"这样，亚当·斯密便提出一个重要的命题：

分工是提高劳动生产率，增加国民财富的重要源泉。

亚当·斯密的分工理论涉及了企业内部生产过程中工人之间的操作分工和社会范围生产的行业分工两个方面。他分析了企业内部生产过程中工人之间的操作分工，为什么分工能提高劳动生产率，使同样多的劳动者能够完成比过去多得多的工作量呢？亚当·斯密指出了三个原因。

一是由于分工使劳动者终生局限于一种单纯操作，能够提高劳动者的熟练程度，从而增加他所完成的工作量。

二是由于由一种工作转移到另一种工作，通常要损失不少的时间，有了分工就可以避免这些时间损失。

三是分工有利于操作方法和工具的改进，其结果引起劳动的简化，乃至机械的发明，从而使一个人能够做许多人的工作。

亚当·斯密分析了社会范围生产的行业分工，他指出："每一件日用品都是许多行业难以计数的劳动者联合劳动的产物。这种行业的分工，同样是提高劳动生产率，增加国民财富的源泉。各行各业之所以各自分立，就是这种行业的分工带来的好处。"而当时农业上劳动生产力的增进，总跟不上制造业劳动生产力增进的主要原因，也许就是农业不能采用完全的分工制度。亚当·斯密由此得出结论："一个国家的产业和劳动生产力的增进程度如果是极高的，则各行各业的分工一般也达到极高的程度。"这也就是说，社会生产的专业化分工水平有了提高，社会生产力水平也就会相应得到提高，因而社会生产的专业化分工程度便成了社会生产力水平的一个重要标志。

亚当·斯密有关劳动分工的思想对现代工作简化和工时研究是十分重要的，并扩展到生产简化等领域，同时强调专业化和技术之间的关系。

3. 安德鲁·尤尔。

安德鲁·尤尔在1835年出版的《制造业哲学：大不列颠工厂制度的科学、道德和商业经济的说明》一书，是为了培训管理人员和职工而写的，书中系统地阐述了制造业的原理和生产过程。安德鲁·尤尔认为，工厂制度的基本原理是用机械科学替代手工技巧，以便于从手工工匠中培训出工厂职工。每个工厂中都有三个有机的系统，即：机械系统，指生产的技术过程；道德系统，指工厂的人事管理；商业系统，指产品的销售和资金的筹措。

安德鲁·尤尔在著作中第一次明确划分了工场手工业和机器大工业两种不同的分工。工场手工业的分工是手工操作的分工，这种分工是按工人的个人才能、熟练程度进行的分工，其实是熟练程度的分级。而在机器大工业中，机器生产替代了手工操作的分工。在这里，工人的分工不是由工人个人的主观条件决定的，而是由机器生产的客观物质条件决定的。每个工人的工作分工，都必须从机器生产的要求出发，都必须服从这个客观物质条件。

安德鲁·尤尔从机器大工业生产的客观现实出发，提出了建立工厂纪律法典的主张。机器生产有它自身的客观规律性，在这种生产方式中，不是工人利用工具，而是人伺候机器。工人的活动必须适应机器生产的客观规律性，而且不得违反它。安德鲁·尤尔说："人类天性的弱点如此之大，以致工人工作越熟练，就越任性，越难驾驭。因此，工人不驯服的脾气总给机械造成巨大的伤害。"在这里，自动工厂的主要困难在于建立必要的纪律，以便使人们抛弃无规则的劳动习惯，使他们和机器大工业的始终如一的规则性协商一致。这就需要发明一个适合自动体系和速度的纪律法典，并有效地加以实行。

在工厂制度建立和实行资产阶级的纪律法典，实质上是对一代破产的农民和手工业者的改造过程。这是一个残酷的、痛苦的改造过程，然而又是确立资本主义机器大工业必须经历的过程。资本家在工厂的纪律法典中，通过私人立法独断地确立了对工人的专制，这种对劳动过程的社会调节是大规模协作和使用共同的劳动资料，特别是使用机器所必需的。

4. 查尔斯·杜平

查尔斯·杜平是法国著名的管理学家，于 1831 年出版了《关于工人情况的谈话》。查尔斯·杜平提出了初步的工时研究和劳动分工后的工作量平衡等问题：进行作业的劳动分工后，必须仔细地注意计算每种作业的持续时间，以便使担任作业的工人人数能同工作量相适应。同时，必须对工人给予明确而简要的指示，必须以尽可能少的工人劳动力达到工作所要求的水平。必须对每种行业进行研究，以便找出并发表每种行业中最好的工业措施。

查尔斯·杜平是最早指出管理技术可以通过教授来获得的人。查尔斯·杜平把管理作为一门独立的学科来进行教学：工场和工厂的管理者应该借助几何学和应用机械学，对节省工人劳动力的所有方法进行专门的研究。对于一个领导者来说，体力工作只占有第二位的重要性，使他处于高位的是他的智力。

以詹姆斯·斯图亚特、亚当·斯密、安德鲁·尤尔、查尔斯·杜平为代表的管理学研究者，对工业化管理做出了大量的研究，并推广教学，推动了第一次工业革命的不断发展，更为第二次工业革命的诞生奠定了管理基础。

工业社会管理思想的三座丰碑

作为管理理论发展的一个阶段，在第二次工业革命期间，美国泰罗的《科学管理理论》、法国法约尔的一般管理理论及德国韦伯的官僚集权组织管理理论等相继出版。这三种不同的管理理论尽管产生于不同的国家，但它们都有一个共同的特征，即强调用"科学"的方法进行管理，所以人们又把这个时期的管理理论称为"科学管理理论"。这也标志着管理作为一门科学已经形成，同时意味着人类对管理活动的内在规律已经有了科学的认识。人类能够运用科学的管理理论来指导人类的管理活动。

管理理论的产生，总是受当时的社会、政治、文化和经济等因素影响。管理理论需要反映社会经济的发展对管理的要求，因而管理理论深刻地反映了不同时代的历史特点。管理理论的形成和发展又推动了社会的发展和进步。影响管理理论产生和形成的社会经济因素有以下几个方面：

1. 经济的迅速发展对管理提出了提高劳动生产率的要求

19 世纪末，资本主义世界的经济得到迅速的发展，资本主义从自由竞争向垄断竞争的过渡已经逐步完成。许多在 19 世纪中叶还只是处于萌芽时期的工业部门迅速成长壮大，并形成了许多新的行业，如石油工业、合成化纤行业、飞机制造业、钢铁工业等。企业的数量和规模也迅速扩大，成长为大型企业。但在经济迅速发展的同时，由于仍沿用过去传统的和经验式的管理方式，企业的劳动生产率十分低下。许多工厂的实际产量远远低于额定的生产能力，甚至生产能力达到60%的都很少，提高企业的劳动生产率就成了当时的口号。许多长期在生产一线从事与企业管理有关的工程技术人员对这个问题产生了兴趣，对如何提高企业的劳动生产率这个问题进行了研究，从而形成了科学管理理论，泰罗就是其中的代表人物。

2. 当时社会上流行的唯物主义哲学、实利主义经济学和新教伦理给科学管理理论打上了深深的时代烙印

19世纪末至20世纪初，资本主义世界流行的唯物主义、实利主义经济学和新教伦理，对科学管理理论的形成产生了深刻的影响，人们的思维方式是以牛顿的经典物理学为依据的，即认为宇宙是一个细致而严密地组织起来的世界图景，所有事物都是精确地、严格地按照规律发生的，包括人类的社会活动在内的一切现象都是受理性的规律制约的。在这种思想的指导下，人们认为，不管从事什么活动，都应该进行严密的理性分析，不能去从事"不合理"的活动。这种唯物主义的思想对科学管理理论的形成产生了深刻的影响，从而形成了科学管理理论区别于其他时代管理理论的基本的特征之一——理性分析。

科学管理理论的形成还来源于在当时社会上占主导地位的实利主义经济学和新教伦理。实利主义经济学认为，人们的行为都是以个人的经济利益为动机的。人们决定是否从事某项活动是以该活动是否有利于个人的经济利益为基本出发点的。而新教伦理则认为，自制、勤奋和节约是人类的一种美德，从而倡导人们通过个人的努力和奋斗去实现个人的

理想和目标。正是这些形成了科学管理理论的另一个重要的特征——"经济人"的假设，即认为人都是追求经济利益和物质利益的，要调动人的积极性，就要使人在经济方面的需求得到满足。

3. 传统的管理不利于利润的获得，这从主观上促进了科学管理理论的产生和发展

在科学管理理论产生以前，人类的管理还是一种经验式的管理，也是一种棍棒式的管理，即对工人采取高压的、强制的手段进行管理。这种管理方式不但不能调动工人的劳动积极性，还会引起工人激烈的反抗，工人们会采取罢工或者"磨洋工"、破坏机器、破坏厂房的方式来对付资本家。正如泰罗指出的，"现实情况是：整个工业界中，大部分雇主组织和雇员组织与其说是在寻求和平，不如说是在寻求对抗。目前通行的管理体制、缺陷甚多，以致使'怠工'和'磨洋工'成了工人保护自身最大利益而必须采取的一种防卫手段"。可见，当时的资本家及代表资本家利益的管理阶层，已经认识到这种棍棒式的管理不利于自身资本的增值。因此从主观上，他们也希望能通过改进管理来为自身赚取更多的利润。他们相信，"采取一种较为开明大方的政策，将能够帮助雇主赢得更多的利润"。正是在这种背景下，科学管理理论应运而生，加快了工业革命的进程，提高了劳动生产率。

（1）泰罗

费雷德里克·温斯洛·泰罗，被称为"科学管理之父"。泰罗的"科学管理"理论的主要内容可以概括为以下8个方面。

①科学管理的中心问题是提高劳动效率。

②为了提高劳动生产率，必须为工作挑选第一流的工人。

③要使工人掌握标准化的操作方法，使用标准化的工具、机器和材

14

料，并使作业环境标准化，这就是所谓标准化的原理。

④实行刺激性的计件工资报酬制度。

⑤工人和雇主两方面必须认识到提高效率对双方都有利，都要来一次"精神革命"，相互协作，为共同提高劳动生产率而努力。

⑥把计划职能同执行职能分开，变原来的经验工作法为科学工作法。

⑦实行"职能工长制"。

⑧在组织机构的管理管控上实行例外原则。

泰罗的"科学管理"理论在20世纪初得到广泛的传播和应用，影响很大。因此和泰罗同时代及以后的年代中，有许多人也积极从事管理实践与理论研究，丰富和发展了"科学管理"理论。

（2）法约尔

亨利·法约尔，法国著名的管理学家。法约尔在1916年出版的《工业管理与一般管理》是他一生管理经验和管理思想的总结。法约尔认为，管理理论虽然以大企业为研究对象，但除了可以应用于工商企业之外，还适用于政府、教会、慈善团体、军事组织以及其他各类事业。所以人们一般认为法约尔是第一个概括和阐述"一般管理"理论的管理学家。

法约尔的"一般管理"理论概括起来主要包括以下内容。

①企业的6种基本活动。法约尔指出，任何企业都存在6种基本活动，而管理只是其中之一。这6种基本活动如下。

一是技术活动（生产、制造、加工等活动）。

二是商业活动（购买、销售、交换等活动）。

三是财务活动（资金的筹措等活动）。

四是安全活动（设备维护和职工安全活动）。

五是会计活动（货物盘存、成本统计、核算等）。

六是管理活动（包括计划、组织、指挥、协调和控制五项职能活动）。

在这 6 种基本活动中，管理活动处于核心地位，即企业本身需要管理。同样的，其他 5 种属于企业的活动也需要管理。

②法约尔根据自己的工作经验，归纳出简明的 14 条管理原则，具体如下。

一是分工。法约尔认为这不仅是经济学家研究有效使用的问题，而且也是各种机构、团体、组织中进行管理活动所必不可少的工作。

二是职权与职责。职权与职责是相互关联的，在行使职权的同时，必须承担相应的责任，有权无责或有责无权都是组织上的缺陷。

三是纪律。纪律是管理所必须具备的，是对协定的尊重。这些协定以达到服从、专心的干劲，以尊重人的仪表为目的。组织内所有成员通过各方面所达成的协议，对自己在组织内的行为进行控制。它对企业的成功极其重要，尽可能做到严明、公正。

四是统一指挥。组织内每一个人只能服从一个上级并接受他的命令。

五是统一领导。一个组织对于目标相同的活动，只能有一个领导、一个目标。

六是个人利益服从整体利益。个人和小集体的利益不能超过组织利益，当两者不一致时，主管人员必须想办法使它们一致起来。

七是个人报酬。报酬与支付的方式要公平，给雇员和雇主以最大限度的满足。

八是集中化。主要指权力的集中或分散程度问题，要根据各种情况，包括组织的性质、人员的能力等，来决定"产生全面的最大收益"的集中程度。

九是等级链。指管理机构中，最高一级到最低一级应该建立关系明确的职权等级系统，这既是执行权力的路线，也是信息传递的渠道。

十是秩序。组织中的每个成员应该规定其各自的岗位，"人皆有位、人称其职"。

十一是公正。主管人员对其下属仁慈、公平，就可能使其下属对上级表现出热心和忠诚。

十二是保持人员稳定。如果人员不断变动，工作就得不到良好的效果。

十三是首创精神。这是提高组织内各级人员工作热情的主要源泉。

十四是团结精神。必须注意保持和维护每一个集体中团结、协作、融洽的关系，特别是人与人之间的相互关系。

法约尔强调，以上 14 条原则在管理工作中不是死板和绝对的，这里全部是尺度的问题。法约尔认为，人的管理能力可以通过教育来获得，也可以像技术能力一样，首先在学校里，其次在车间里得到。为此，法约尔提出了一套比较全面的管理理论，首次提出管理理论具有普遍性，可以用于各个组织之中。法约尔把管理视为一门科学，提出在学校设置这门课程，并在社会各个领域宣传、普及和传授管理知识。

法约尔对于管理过程和管理组织理论的开创性研究，特别是关于管理职能的划分以及管理原则的描述，对后来管理理论研究具有非常深远的影响。他还是概括和阐述"一般管理"理论的先驱者，是伟大的管理教育家。后人称他为"管理过程之父"。

（3）韦伯

马克斯·韦伯，德国管理学家。韦伯在管理理论上的研究集中在组织理论方面，主要贡献是提出了理想的行政组织体系理论，集中反映在韦伯的代表作《社会组织和经济组织理论》一书中。这一理论的核心是组织活动通过职务或职位而不是通过个人或世袭地位来管理，韦伯也认识到个人魅力对领导作用的重要性。韦伯所讲的"理想的"，不是指最合乎需要，而是指现代社会最有效和最合理的组织形式。之所以是"理想的"，是因为它具有以下一些特点。

①明确分工。即每个职位的权利和义务都应有明确的规定，人员按职业专业化进行分工。

②自上而下的等级环境。组织内的各个职位，按照等级原则进行法定安排，形成自上而下的等级系统。

③人员的任用。人员的任用要完全根据职务的要求，通过正式考试和教育训练实行。

④职业管理人员。管理人员有固定的薪金和明文规定的升迁制度，是一种职业管理人员。

⑤遵守规则和纪律。管理人员必须严格遵守组织中规定的规则、纪律以及办事程序。

⑥组织中人员的关系。组织中人员之间的关系完全以理性准则为指导，只是职位关系不受个人情感的影响。这种公正不倚的态度，不仅适用于组织内部，而且适用于组织与外界的关系。

韦伯认为，这种高度结构化的、正式的、非人格化的理想行政组织体系是人们进行强制控制的合理手段，是达到目标、提高效率的最有效形式。这种组织形式在精确性、稳定性、纪律性和可靠性方面都优于其他组织形式，能适用于所有的各种管理工作及日益增多的各种大型组织。如教会、国家机构、军队、政党、经济企业和各种团体。韦伯的这一理论，是对泰罗、法约尔的理论的一种补充，对后来的管理学家，尤其是组织理论学家有很大的影响。韦伯被称为"组织管理理论之父"。

科学管理学派从泰罗等人开始从事管理的实际试验和理论研究算起，距今已经一个多世纪。他们的理论不仅在当时起了重要的作用，对以后管理理论的发展也有深远的影响，其中许多原理和做法至今仍被许多国家采用。当代西方有些管理学者提出"回到泰罗去"的口号，表示对科学管理要做深入的研究。

对于3位管理学家，人们可以这样认为，作为"科学管理之父"，泰罗的主要贡献是以工程师的角色，把整个生产流程、工序、操作，做分工后的操作标准化，以提高劳动生产率，这就是泰罗科学管理的精髓。而法约尔以高管的角度来释义管理的本质，被誉为"管理过程之父"。法约尔的主要贡献是把经营、管理融为一体，系统地介绍了管理的体制与框架，更是把管理计划作为核心。所有的管理都是按照计划进行的，而且管理又可以是传授的、学习的、学以致用的。所以法约尔又被称为"管理学教育家"。韦伯的组织管理，又在法约尔管理框架的基础上有新的提高。组织是管理框架的运营系统，也可以称为"神经系统"，组织的优劣决定了管理的成败，所以，韦伯被称为"组织管理之父"。

泰罗、法约尔、韦伯的管理理论三者之间重点不同，但又有相互弥补，奠定了科学管理的全面基础，对后世的管理学影响深远。

泰罗的管理理论强在管理的技术性，法约尔的管理理论强在管理的体系化，而韦伯的管理理论则强在管理理论的系统化，成为科学管理的中枢神经系统，使科学管理真正地全面推行起来。

如果说发明创造开启了第一次、第二次工业革命，那么，管理学家则是更好地管理了这两次工业革命，并用管理推动工业革命的成果持续、持久并不断发展，更好地为人类服务，极大地提高了劳动生产率。

三、信息社会的管理思维

如果把发生过的工业革命做一个划分，第一次工业革命是蒸汽机为主要动力的工业革命社会，那么，第二次工业革命则是以电气时代开始的。而第三次工业革命是以信息时代为核心的，信息时代的管理，更有新的发展。每一次工业革命都有质的提升，每一次工业革命注定也伴随着管理理论的创新而带来劳动生产率的提升。在第三次工业革命的历程中，应该说以下这3位管理学家更为优异。

1. 西蒙

赫伯特·西蒙，美国管理学家、社会科学家。西蒙的主要管理理论著作有《管理行为》《公共管理》《人的模型》《组织》《经济学和行为科学中的决策理论》《管理决策的新科学》《自动化的形成》《人工的科学》《人们的解决问题》《思维模型》等。

西蒙是西方决策理论学派的创始人之一，他吸收了行为科学、系统理论、运筹学和计算机程序科学等学科的内容，对经济组织内的决策程序进行了开创性的研究。西蒙认为，决策贯穿管理的全过程，决策程序就是全部的管理过程，组织则是由作为决策者的个人所组成的系统。全部决策过程从确定组织的目标开始，随后寻找达到该项目标可供选择的各项方案，比较并评价这些方案，然后进行选择并做出决定。对执行选定的方案进行检查和控制，以保证实现预定的目标。这种管理理论与学派，对决策的过程、决策的准则、程序化的决策和非程序化的决策、组织机构的建立同决策过程的联系做了分析研究。同时指出，集权和分权的问题不脱离决策过程而独立存在，集权和分权的程度，应该按照不同的决策性质和其他因素，如组织的规模、人员的素质等来确定。

西蒙在管理学上的第一个贡献是提出了管理的决策职能。他提出了决策为管理的首要职能这一论点后，决策才为管理学家所重视。今天决策理论枝繁叶茂，与西蒙对这个领域的开创性贡献是密不可分的。

西蒙对管理学的第二个贡献是建立了系统的决策理论，并提出了人有限度理性行为的命题和"令人满意的决策原则"。西蒙认为，完全理性的经济人模式有两种缺陷。

其一，人是不可能完全理性的，人们很难对每个措施将要产生的结果具有完全的了解和正确的预测。相反，人们在缺乏了解的情况下，在一定程度上会根据主观判断进行决策。

其二，决策过程中不可能将每一个方案都列出来，一是人们的能力有限，二是决策过程的成本限制，人们所做出的决策不是寻找一切方案中最好的，而是寻找已知方案中可满足要求的。

西蒙进一步指出，在符合要求的选择中，"要求"和"标准"本身也是决策。人们所处的环境是一个组成部分，因而不应该把标准给定死。当替代的措施被证明是容易发现时，就可以提高标准；难以发现时，就应降低标准。如果一并考虑寻找替代措施所产生的"边缘效应"抵补了为寻找满足这个更高标准的措施所花费的"边际成本"时，那么选定的替代措施会接近"最佳条件"。由此可见，标准不应一成不变，其高低应与寻找替代措施的成本相适应。

这种管理理论，把科学管理和行为科学有机结合起来，其可概括出一套科学行为准则和工作程序，既重视科学的理论方法和手段的应用，又重视人们的积极作用。西蒙的决策理论是以企业组织为对象，但阐述的原理和准则是适用于一切组织活动的决策的。

2. 卡斯特

费理蒙特·卡斯特，美国管理学家。1963 年他与约翰逊、韦克三人合著《系统理论和管理》一书，1970 年与罗森茨韦克合作发表了《组织与管理——一种系统学说》，比较全面地论述了系统管理理论。

系统管理理论是应用系统理论的范畴、原理，全面分析和研究企业和其他组织的管理活动、管理过程。重视对组织结构和模式的分析，并建立系统模型以便于分析。这一理论的要点主要有：

（1）组织是一个开放系统。

它总是处于同外部环境的持续相互作用之中，并通过连续不断地投入—转换—产出的循环接受人力、材料、资金和信息等形式的投入，将这些投入转换成产品、劳务及其成员所需的报酬，作为产出系统。企业组织必须不断地从外部环境接受足够的投入，才能维护它所需要的各种投入，从而维持这种循环。企业组织就是通过这种投入—转换—产出的持续循环过程，同外部环境的相互作用，达到动态的平衡，从而维持自身的生存和发展。

（2）组织是各种分系统构成的整体。

组织作为一个开放的社会技术系统，是由五个分系统构成的整体，这五个分系统包括：

①目标与价值分系统。

②技术分系统。

③社会心理分系统。

④组织结构分系统。

⑤管理分系统。

这五个分系统之间既相互独立，又相互作用，不可分割，从而构成一个整体，这些分系统还可以继续分为更小的子系统。

（3）运用系统的观点来考察管理的基本职能，可以提高管理的整体效率。管理人员不至于只重视某些与自己有关的特殊职能而忽视了大目标，也不至于忽视自己在组织中的地位和作用。

系统管理理论是在一般系统理论的影响下形成的，它主要体现了管理哲学的改变。管理活动必须有明确的目的，企业管理要贯彻统一指挥原则。

管理是一种综合性的系统活动，管理对象诸要素既相对独立又相互联系。管理是由一系列相关的活动组成的有机整体，它具有系统的特征。系统管理原则认为任何一种组织都可以视为一个完整的、开放的系统或某一大系统的子系统，在认识和处理管理问题时，应遵循系统的观点和方法，以系统论作为管理的指导思想。

管理是合理配置组织资源以达到组织目标的过程，这种追求资源最优配置的过程正体现了系统最优化的思想实质。根据系统理论的基本知识，系统具有目的性、整体性和层次性的特征。

系统的目的性特征要求任何管理活动必须有目的；系统的整体性特征要求管理的目的是实现组织整体的目标，系统的整体目标应与各子系统的分目标相互协调；系统的层次性特征在管理上的要求体现为设计组织结构时，应该建立适应系统有效运行的组织结构。它要求在纵向上划清管理层次，在横向上划分管理的部门，以体现管理大系统中各子系统之间的相互关系。

根据对系统管理原理的认识和理解，可以引申出符合该原理的适度的奖惩制度，实施民主管理，建立令人适应的民主管理制度。参与管理的管理原则，主要包括统一指挥原则、分权与授权原则、分工协作原则、整体效应原则和信息反馈原则。

3. 德鲁克

彼得·德鲁克，美国管理学家。主要著作有《管理的实践》《有效的管理》《管理：任务、责任和实践》《动荡年代的管理》等。

目标管理的思想，是德鲁克在 1954 年出版的《管理的实践》一书中最早提出来的。德鲁克在书中强调："凡是工作状况和成果直接地、严重地影响着企业的生存和繁荣发展的部分，目标管理就是必需的。""期望一个经理所能取得的成就，必须来自企业目标的完成，他的成果必须用他对企业的成就有多大贡献来衡量。"这就需要实行"目标管理"和"自我控制"。

德鲁克认为，管理是研究对人进行管理的技能和知识的一个独立的领域。德鲁克不赞成在普遍意义上理解"管理"的概念，他认为管理只同生产商品和提供各种经济服务的工商企业有关，管理学则是工商企业的理论和实际的原理、原则的集合。而管理的技巧、能力、经验是不能移植并应用到其他机构中去的。这一观点说明，在德鲁克看来，管理的性质、管理的方式方法都取决于具体的管理活动的特征，并强调管理的实践性。德鲁克在总结和归纳管理的任务时，认为管理的基本任务有两个。

①合理地配置资源。

②协调组织的当前利益和长远利益。

如果将上述两项管理的任务具体化，就需要进行"目标管理"。

德鲁克最早提出了"目标管理"的思路，"目标管理"就是一个组织中的上级和下级管理人员共同制定一个目标，规定各自的主要范围。并用这些目标作为经营一个单位和评价一位成员贡献的标准。德鲁克目标管理的主要内容有以下三个。

①明确目标的性质。

②目标管理成功的先决条件。

③划分目标管理的三个阶段。

德鲁克认为，实施目标管理的整个过程由三个阶段组成。

第一阶段：明确目标阶段。

在这一阶段需要确定组织整体目标，各级管理部门的目标及组织成员的个人目标。确定目标的过程又包括具体的五个步骤。

一是准备工作。

二是由组织最高层确定组织的整体目标。

三是确定各级管理层的目标。

四是各级管理人员提出各种建议，相互讨论并修改。

五是对各项目标和评价标准达成协议。

第二阶段：目标管理的具体实施阶段。

在这一阶段，组织目标体系的实现主要依赖组织成员的自我控制和自我管理来实现。

第三阶段：检查和评价工作绩效阶段。

主要通过把实现工作成果同原来的目标相比较，找出差异，分析形成差异的原因，并将分析结果应用于下一个时期的目标管理。

4. 科特

约翰·P. 科特，领导变革之父科特与人合著的著作有《老板的管理》《企业组织》。在 20 世纪 80 年代，科特出版了《总经理》这部影响深远的著作，该书对一群成功的总经理进行了详尽的高度系统研究。《总经理》成为企业家的必读之作。此书出版后即列入美国各 MBA 硕士学生的必读参考书之一。1985 年，科特出版了第二部主要著作《权力的影响》。1988 年，科特推出了第三部有关企业领导的专著《成功领导的因素》，突破了西方管理行为学派中经理角色学派的框框，是对管理行为学理论的一大发展。

100 多年以来，企业的社会环境变化的确很大，国内国际竞争日渐激烈。企业规模不断扩大，经营业务、项目呈多样化发展，经营地域分布广阔，产品技术含量增多，生产要求也更为复杂。对经理，对所有的管理工作、专业工作、技术工作都有巨大的影响。尤其是二战以后，各种机构日益增多，体制日益复杂，迫使高级管理层不得不放权，这就意味着要更多的各层管理人员和专家帮助管理多样化的企业队伍和处理各种相互依赖的关系。企业发展的多种趋势更加大了各级人员之间的差距，加重了他们之间的相互依赖，这些趋势包括：

①企业发展国际化。

②通过多种经营求发展。

③政府管理加强，有组织的消费者团体和企业报刊的影响加大。

④工人队伍的构成趋于复杂。

⑤工人受教育程度提高。

⑥过去 20 年里世界经济增长速度放缓。

⑦工人队伍年龄老化。

这些趋势确实存在，而每一个趋势的变化都会对人们的工作产生比较重要的影响。今天，人们比以往任何时候都需要更多的、更好的、有远见和自信的领导人才。

科特研究企业的组织行为学最早出现在20世纪60年代末至70年代初，最初研究一般的企业管理行为。从70年代中后期到80年代初，逐步形成自己的理论框架和思想，并转到研究企业领导理论上，并做了大量的工作。

科特的领导理论可以分为两大板块：个体领导行为理论和企业领导行为理论。

个体领导行为理论即被我国称为"总经理学"，研究的是作为企业领导的个性特征、行为，关于领导行为的一个重要的内容是领导权力和如何处理各种工作关系。

企业领导行为理论是科特理论的第二部分，研究企业领导艺术、企业领导环境的产生和企业文化对企业经营的作用等方面。

个体领导行为理论是从微观、从领导者或总经理个人角度出发来研究企业的领导管理问题。企业领导行为理论则是从宏观、从所有具有领导作风的人、从企业本身的视角来研究企业的领导与管理经营。两者是相互联系的，后者是前者研究基础上的进一步深化和广化。企业领导行为理论是科特理论中最有首倡精神的最重要部分。

领导的第一层含义是行为，第二层含义是知识、素质、个人经历、专业、责任义务。有效的领导很重要，但所涉及的更为重要的东西是经营管理中行之有效的行为方式的产生。只有有力的管理和有力的领导联合起来，才能带来满意的效果。

赫伯特·西蒙、费理蒙特·科斯特、彼得·德鲁克、约翰·P.科特等四位管理学家，其理念引领管理学科的不断完善与发展。这四位管理学家与后来的战略管理理论的倡导者迈克·波特共同组成了推动第三次工业革命迅猛发展的管理支撑，并继续在第四次工业革命中发挥管理的优势，继续为提高社会的生产率而持续发挥作用。

四、中小企业管理现状

中小企业是国家经济的柱石，改革开放 40 多年来，我国中小企业发展迅速。目前，我国中小企业已达 4200 万户，约占全国企业总数的 99.8%，中小企业是解决就业的主力军，在我国国民经济发展中功不可没。但人们也要有个清醒的认识，那就是中小企业的平均寿命只有 2.5 年，中国民营企业的平均寿命只有 3.9 年。而同时期，美国中小企业的平均寿命为 8.5 年，日本中小企业的平均寿命为 12.5 年，是什么原因造成的差距呢？可以归纳为以下几个方面。

第一个方面，行业周期与经济周期影响中小企业的寿命。

经济与行业都有周期性，这是一个常识，可能中小企业理解不到位，中小企业只感觉到日子是好过还是不好过。如 2008 年美国引发的金融危机，这也是经济周期的一个结果，传导给中国中小企业的感觉就是从 2009 年开始，中小企业的外贸订单越来越少，最终导致大批中小企业破产倒闭。这也是经济周期带动行业周期，进入了下行阶段，而周期的下行，则直接让一大部分中小企业破产倒闭。

第二个方面，贷款难。

近些年企业界、政府都积极协助中小企业解决贷款难的问题，这固然是因为中小企业贷款时自身不足造成的。首先，中小企业规模小、底子薄、抗市场风险弱，其经营易受外部环境的影响，这极大地影响了中小企业的履约能力。其次，中小企业缺乏担保能力。中小企业固定资产少、抵押贷款偏少，远远满足不了企业发展的需要，而相互担保贷款的持续爆雷，更是让中小企业雪上加霜。资金缺乏使中小企业的抗风险能力极低，外部环境一有变化，中小企业就已经在倒闭的路上了。

第三个方面，环保问题。

中国的经济已经从改革开放之初的高能耗、高污染、劳动密集型向生态型、集约型、科技型转型升级，进而进行产业升级。但众多的中小企业却依然停留在原来的思维上，并没有与时俱进完成产业升级。不变，就只有淘汰。

以上三个方面是中小企业的三座大山。当然，这三座大山，只是中小企业短寿所表露的表象。如果要深究原因，则是中小企业的管理水平差，这才是中小企业的核心。

中国中小企业的管理水平，相当于农业社会的奴隶社会时期或者说相当于第二次工业革命中期的管理水平。为什么这样说呢？中小企业管理方面依然停留在人管人的阶段，特别是生产型中小企业。更多的中小企业处于半经验、半制度的阶段。半经验、半制度的转折期，更是管理的动荡期。

中小企业发展到一定规模，管理也将由经验式管理向制度化管理升级。管理的升级，则注定要从管理的规范化开始。管理的规范化，意味着管理人员的大量增加，管理职责越明细化，需要的人员越多，反而失去了中小企业赖以成长的一职多能、一人多职的灵活性。中小企业管理升级过程中灵活性的丧失，造成可变成本与效率的一高一低，从而淘汰掉一大批中小企业。

中小企业引以为傲的生产环节，现在看来更是管理不善导致粗制滥造，与"工匠精神"相差甚远。泰罗作为"科学管理之父"，最大的贡献就是把生产流程工序化、操作标准化进行科学分工，而中小企业在这方面依然是管理的硬伤。很少有中小企业去做科学化的工序细分和操作标准化，导致中小企业的劳动生产效率不高。在生产品控方面，中小企业的差距更大。

1986 年，比尔·史密斯提出六西格玛管理策略，这种策略主要强调制定极高的目标，收集数据以及分析结果，通过这些来减少产品和服务的缺陷。六西格玛的原理就是你检测到自己的项目中有多少缺陷，你就可以找出如何系统地减少缺陷，使你的项目尽量完善的方法。一个企业产品要达到六西格玛标准，它的出错率就不能超过百万分之三点四。

在 20 世纪 90 年代中期，美国通用电气以一种全面质量管理方法演变成为一个高度有效的企业流程设计、改善和优化技术的战略举措。六西格玛逐步发展成为以顾客为主体来确定产品开发设计的标尺，追求持续进步的一种管理哲学。从这方面来讲，中国的中小企业在管理上还要好好学习，才能走上正常的发展之路。

中小企业利润低、资金需求大，这是中小企业的管理不力导致的直接现象。中小企业要向管理要效益、向管理要利润、向管理要发展。

五、管理跃级

管理决定一切。中小企业最大的病根是没有发展战略、缺少管理、弱生产、强关系，这应该是中小企业的真实写照。

　　那么，中小企业要想长远发展壮大，必须有一个与中小企业相配套的管理体系，甚至比公司现有规模略高一级的管理方式方法才是中小企业发展的前提。对于中小企业而言，真正让企业发展，必须把管理放到核心能力的位置上，让管理决定一切，这才是中小企业的出路。

　　管理不是一天形成的，特别是中小企业，企业的管理水平基本就是老板的管理水平，老板的管理水平决定了企业的管理能力。中小企业的老板很少是管理专业的，没有接受过系统的管理教育。即使上过商学院，他也只是学习了部分经管理念，听听可以，但在中小企业内部却没有实行的基础。

　　如果把一个中小企业的管理比作一个人，那么，靠经验管理发展到现在，就如一个人的四肢。这个四肢是发达的，行动能力强，唯一的缺点就是缺少思想。把管理理论学习和实践比作身体，但是中小企业绝大部分的身体却空空如也，没有系统地学习过经营管理理论，有的只是经验的实践，在没有理论指导实践的情况下，何谈吃的食物如何消化和吸收？

　　更为搞笑的是，各大高校与校外培训机构联合办的商学院总裁班类项目，忽悠了一批又一批的中小企业老板。中小企业腹内空空没有理论的情况下，却要去商学院学习眼花缭乱、高大上的经营理念，而这些是大脑的构成啊，身子没长好，结果头部的大脑快速发育了。头部的学习成果，没有身体的消化吸收，直接指挥四肢是行不通的。

　　商学院听着高大上，其实呢，作为一个人脉平台可以，但是作为一个学习平台，可能就差了很多。每个月 4 天的学习时间，两三年的课程，又能学习到多少？如果做一个对照，哈佛商学院是全日制，三四年的时间学习，才能毕业。三四年的学习时间，放在国内商学院学习时间上，中小企业的老板要多少年才能毕业？更让人难堪的是，中小企业老板经过商学院学习后的一腔热血，回到具体经营企业，却把企业成功地给经营倒闭了！

不是危言耸听，以上是一个活生生的现实！中小企业的发展壮大是靠四肢的行动能力做起来的，是靠经验管理做起来的。中小企业到了一定规模，就需要从经验管理向制度化管理升级，这才是正路。制度管事，岗位管人，才是企业管理的一个职责与绩效的解决方案，才是中小企业从数量发展迈入质量发展的路径。可惜的是，很大一部分从商学院学成归来的老板，给员工打鸡血、喊口号，却没有具体的管理措施来细化与执行，反而荒废了自己的四肢，以致经营困难而倒闭。也有一小部分中小企业在经受了从经验管理到制度管理的蜕变之后，又踏上新的发展阶段，迎接一个新的创业旅程。

向管理要利润。

利润是支撑中小企业生存运营的基础，也是一个企业成立的初心。没有利润，那企业就可能随时倒闭，何谈发展。中小企业的管理不善，导致中小企业单品利润微薄，管理中存在太多的跑冒滴漏，使中小企业应得的利润如手边沙，在看不见的地方悄悄流失。

向管理要利润，用管理的手段，把该抓的利润都抓住。管理的手段堵上企业经营中的跑冒滴漏，把企业的整体利润提上来，这就需要一个管理的系统化、制度化，以此来达到和提高企业的经营水平和单品的利润率。

向管理要效率。

效率的高低，才是决定企业利润高低的关键，而高效率的前提是管理。这个管理是一个制度、一个体系。在生产中采用泰罗的"科学管理"，结合六西格玛的理念，不仅会大幅度提高产品的质量，更会大幅度降低单品的可变成本。企业的内部管理采用法约尔的"一般管理"，把企业内部的管理流程理顺，把管理的过程实时把控，提高管理的效率。在员工的薪酬机制上，采用韦伯的"行政管理"，加大对员工的绩效考核与薪酬的激励，促使员工为了高薪而勤奋工作。

向管理要发展。

企业要发展，管理水平必须提前优化升级，管理制度必须要为企业的成长而预设。在这里，笔者想用一个比方，也可以用"蜕变理论"来命名。人们都知道在自然界中的蛇，每年都会有两次蜕皮的过程，而在这两次蜕皮的过程之后，蛇就会再长大一分。也就是说蛇类的蜕皮每隔一段时间便会重复进行，而且蛇类毕生都会一直进行蜕皮。

在蛇蜕皮之前，蛇会停止饮食并躲在一个安全的地方。蛇的蜕皮都是从头部向尾部褪去的，蜕下来的旧皮就像一只蜕出来的袜子一般，而新皮则更新、更大、更有光泽。

蛇的蜕皮是蛇生长历程中不可或缺的，从停止饮食到蜕皮后的焕然一新到再开始新的成长，这就是一个反复生长的过程。那么，企业呢？中小企业是不可能用一种方式发展下去的：一是企业的规模会越来越大，管理水平需要升级。二是外部环境的变化，企业需要相应的调整、变动，管理随之改进。可以说，企业的发展如蛇的生命历程一样，只不过企业的发展不是蜕变，是管理的不断升级，来完成企业的不断发展。

蛇在蜕皮之前停止饮食，并会选择一个安全的地方，这与企业管理转换管理升级完全一样。企业在进行管理升级之前，会论证新的管理制度、新的管理模式是否符合企业的未来发展。

如果确定了新的管理模式，那么企业就开始新一轮的管理层专题培训，这个培训就是要让管理层尽快熟悉新的管理模式，能够用新的方法、方式来开展新的工作。

作为企业来讲，新的管理模式、制度的实施才是管理升级的开始，管理转换升级的历程谁都不知道需要多长的时间才能完成。

这个管理模式的升级转换，也许几个月就有好的效果，也许一两年、三四年才能取得预期的效果并稳定下来。但是在管理模式的转换过程中，不仅管理层有巨大的压力，而且是一次充满历险和磨难的过程，会让很多企业因为这个蜕变而痛苦，甚至放弃管理升级转换，这也是经常看到的现象。而更多的现象则是企业被迫进行了管理模式的转换，在准备不足的情况下，反而让企业因为管理转换的阵痛而奄奄一息，甚至是破产倒闭。这也就是以前企业界盛传的"改变是找死，不变是等死"！但在等和主动之间，态度的不同，必然会造成企业发展结果的不同。

管理跃级才能带动企业的新发展。管理是一切的前提，是企业存活的根基，管理理论的创新，才是推动社会高效发展的主因。从农业社会到工业社会，再到信息社会，管理创新、管理理论始终引领社会发展的前行。

进入第四次工业革命，在人工智能即将大行其道的智能社会，我国的管理工作者、研究者、管理学家们应该怎样创新？应该把管理理论的发展方向确定在什么方向，是以什么为引导呢？在管理理论没有大的创新的情况下，学以致用把前人的管理理论用到极致，也是可取之道。

举一反三，才能把管理做好，而由此，对管理也就轻车熟路了。既然熟知蜕变的过程，那么就应该明白管理要领先于企业的规模和企业发展的速度，这就是管理对于实际现状的跃级。只有给企业一个高一级的管理模式，才能引领企业发展。管理先行、管理跃级，对于中小企业来讲尤为重要。

中小企业在发展中不断地碰到发展瓶颈，而这些发展瓶颈，百分之九十九都与管理有关。中小企业的发展瓶颈，其实就是管理的瓶颈，中小企业只有不断进行管理跃级，才能不断地突破自身的管理瓶颈。中小企业只有突破管理瓶颈，才能进入新的发展期，对于中小企业而言，管理先行、管理升级仍是当前的重中之重。

六、管理跃级的两个对比

20世纪80年代至21世纪初，中国企业经历了第一波高速增长，管理的短板就明显被放大了。中国企业在管理理论、管理制度方面严重滞后，阻碍了中国企业的发展和扩张。在当时的背景下，中国企业加快向欧美企业学习管理，最常见的就是聘请欧美的管理咨询公司为中国企业量身定制管理体系。更多的企业是花大价钱引入西方的管理体系，特别是营销体系，但引进的管理体系适合中国企业吗？

中国企业管理的大变革成为一时的风潮，但在当时很少有人思考过，盲目引进管理体系与管理制度并没有明显地改善企业的生存环境，更没有解决企业在高速发展中带来的问题。

这些情况，笔者可以做一个比喻：高速发展中的中国企业犹如一辆高速行驶的列车，当列车司机意识到列车的刹车系统不行时，此时列车在下坡的路上越来越快，随时都有翻车的可能。怎么办？以前的管理办法已经失去效率，而这时外请的国外咨询公司更换新的管理体系、管理制度，犹如要为高速行驶的列车换刹车、换车轮，成功率有多少呢？成功的概率极低，低出整个中国企业界的想象。

中国企业的第一波高速发展，是以经验管理为起点的，特点就是人管人，企业的规模越大，管理的层级就越多，管理的效率就直线下降。中国企业也希望使企业管理制度化、体系化，但现有的管理人员不可能在一夜之间就能过渡到制度管理。从经验管理到制度管理，不仅仅是需要培训就能解决的，更为关键的是解决中高层管理人员思想的转变，但这个思想的转变哪里是一朝一夕就能够完成的？特别是中高层管理人员每天要面对大量的实际工作，在学习和思想的转变中，越来越麻木。等企业开始全面推行制度管理时，中高层管理人员反而成为制度管理的拦路虎。

1998年，实达集团接受了成立于1923年、在全球拥有75家分公司、被美国《财富》杂志赞誉为最有成效、最值得信赖的企业咨询公司——麦肯锡所提交的营销方案。实达集团进行"千人大换岗"。仅仅过了5个星期，麦肯锡的方案执行就被迫停止，实达集团又回到了过去的"旧体制"。实达集团半途而废的变革，伴随着实达集团长达半年的经营和效益大滑坡，这就是企业界熟知的"麦肯锡兵败实达"事件。实达集团是麦肯锡到中国后的第四个客户，麦肯锡为实达集团设计改组方案，因为收取高达300万美元的费用而引人关注。特别是伴随着实施途中的搁浅而引起广泛的质疑，洋咨询能否解决中国企业的实际问题？

实达电脑在国内IT行业率先引入国际知名管理咨询公司实施改组，更多的原因是实达电脑内部原因造成的。实达电脑对困难估计不足，公司物流和信息状态失控，特别是对公司商业业绩的大幅度下降没有心理准备。实达电脑中高层管理人员由于角色的变化，带来的心态变化估计不足。唯一的好处，就是麦肯锡带来的产品经理、项目经理制度在实达内部落地生根了。

麦肯锡兵败实达，也让国内企业界产生了诸多的问号。第一个疑惑就是，麦肯锡是国际化的公司不假，但麦肯锡在中国的本土化方面面临难题。比如，项目小组后期跟进不力、人员流失等。麦肯锡表示，在美国和欧洲同客户讨论项目得出最终成果只用一个星期，而在中国需要一个月，有的更是长达一年。当麦肯锡这样讲时，只能证明麦肯锡不了解中国的国情，而仅仅是凭自己的判断来处理，败得彻底。

第二个疑惑就是，实达电脑是 IT 行业，与麦肯锡合作失败了，是不是证明麦肯锡的方式对 IT 行业不适用，而更适合传统行业业务？纵然麦肯锡有诸多的反驳，但不可否认的是，事后的辩解已无任何意义。

如果说实达电脑忍受不了管理、营销创新带来的剧烈变动而迅即放弃，那么可以肯定地讲，麦肯锡也绝对不是好老师。同样的管理变革，华为公司选择 IBM 公司作为顾问，历时 10 年，让华为脱胎换骨，完成管理水平国际化的能力跃升。企业的决策者决定了企业变革时的承受度。

从 1995 年起，华为陆续引进不少国外的管理系统，由于种种原因，效果不尽如人意。1997 年圣诞节前一周，任正非在考察了休斯、朗讯、惠普三家公司后，将重点放在 IBM 公司。作为 IT 行业的领头羊，IBM 不仅向国际市场提供硬件设施及 IT 整体解决方案，也将管理咨询服务作为其新的业务增长点。

华为作为中国企业的优秀者，如果能为华为提供管理咨询，不仅意味着将给 IBM 带来数亿美元的收入，而且可以树立一个样板，在巨大

的中国市场可以起到最好的示范效果。因此，即使圣诞节各大公司相继
放假，但 IBM 公司包括 CEO 郭士纳在内的高管一齐到位，向任正非真
诚而系统地讲述 IBM 的业务板块和管理系统。

整整一天时间，从产品预研到项目管理、从生产流程到项目寿命终
结的投资评审，IBM 高层都做了极为详尽的介绍。为了加深任正非对
IPD（集成产品开发）的认识，IBM 公司副总裁送给任正非一本哈佛大
学出版社关于研发管理的书籍。任正非后来发现，朗讯、惠普等企业也
正在应用同样的研发模式。经过一天的了解，任正非对 IBM 这类大型
公司的有效管理和快速反应有了新的认识。对照华为本身存在的缺陷及
如何在扩张中解决管理不善、效率低下和浪费严重的问题，任正非更加
痛心疾首，对华为未来的成长与发展有了新的思路和方法。

IBM 公司的董事长郭士纳，临危受命，带领巨亏的 IBM 重新回到
强盛。郭士纳自喻让大象跳舞，郭士纳没有食言，用坚强的意志、变革
的决心和持久的韧性，重塑 IBM。郭士纳为 IBM 建立了世界一流的业
务流程、高度透明的发展战略以及高效的企业文化，带领 IBM 重归
辉煌。

任正非了解完后怦然心动：华为要像 IBM 一样强大，不仅自己要
以郭士纳为榜样，而且华为必须虔诚地拜 IBM 为师，将 IBM 的管理精
髓移植到华为。这是华为成为世界一流企业的必经之路，只有这样，华
为才能逐步走向规范化、制度化和国际化。

1998 年 8 月，华为与 IBM 合作的"IT 策略与规划"项目正式启
动，内容包括华为未来 3~5 年向国际化转型所需开展的 IPD、ISC（集
成供应链）、IT 系统重整、财务四统一等，共 8 个管理变革项目。为期
5 年的第一期合作，IBM 有 70 多位顾问进驻华为。当然，华为交的学

费也很贵，合同金额 20 亿元人民币。事后证明，这笔中国企业创纪录的学费，让华为脱胎换骨，成长为巨人。

1998 年是华为发展历程的分水岭，与 IBM 合作是一场地震式的管理变革。这不仅是一次组织的革命，更是一次思想的革命。有权的人，变得没权了，权大的人，变得权小了，不受制约的权力有约束了。历史上搞改革的人大多下场不好，弄不好主持变革的人会被自己人革命掉了。改革触动了太多人的利益，用管理流程体系替代人治，肯定要付出更大的代价。

随着变革的深入，华为内部出现了诸多的质疑。关键时刻，任正非在公司会议上旗帜鲜明地说："我们切忌产生中国版本、华为版本的幻想。引进要先僵化、后优化，还要注意固化。当前两三年内以消化为主，两三年后，允许有适当的改进。"

"IPD 关系到公司未来的生存与发展，各级组织、各级部门都要充分认识到它的重要性。我们是要先买一双美国鞋，不合脚，就要削足适履。"

"37 码就 37 码，脚大了就把脚砍掉一些也得穿，不愿砍脚的人，你就到那边去做大脚，种地去，靠边站。"

"推行流程的态度要坚决：不适应的人要下岗，抵触的人要撤职。IPD 要一层层往下面落实，搞不起来我就拿你们开刀，这是毫不含糊的。"

世界上最难的改革是革自己的命！华为以壮士断腕的魄力来迎接管理变革的悲痛，在全盘西化的过程中要做好迎接阵痛的准备。华为的变革，不仅仅是对管理流程、管理体系、研发系统的改造。更正确地讲，华为的变革，是对公司所有人员的一次头脑风暴，一切向国际水平看齐，只要每个人的思想达到了国际水平，那么，改革就成功了。

经过 10 年的艰苦努力，2008 年 2 月 29 日晚上，华为董事长孙亚芳率领 50 多名高管，在坂田基地高培中心举行盛大的欢送晚宴，

隆重答谢 150 多名 IBM 顾问在过去 10 年间给予华为的指导和帮助。

由于长期密切的并肩合作，华为一名高管坦言："对 IBM 来讲，尽管这只是一个商业咨询项目，但对华为而言，却是脱胎换骨！"

IBM 资深顾问阿莱特则感慨地说："过去 10 年，我们耗费了无数的心血和精力，甚至把心掏给了华为，我们为有机会把华为改造成一家跨国公司而骄傲！"

华为的这次管理变革，历时 10 年。如果以业绩来讲，华为 2008 年营收 183 亿美元，超过阿尔卡特、朗讯、北电、摩托罗拉，与爱立信、诺基亚三分天下。可以说华为不仅仅是脱胎换骨，管理体系化，更是完成了企业的国际化。在管理变革中学习，在管理变革中发展，在管理变革中变强，这就是华为人的精神。

第二章　突破瓶颈

管理落后是中小企业竞争力提升的主要障碍。从宏观上看，中小企业作为一支经济力量被长期冷落，所处的经济、政策环境不够宽松。从微观上看，中小企业集中的行业、产业发展较晚，企业本身先天不足。大量的数据研究证明，导致中小企业破产倒闭、亏损及竞争力差的原因中，各式各样的管理不当占 70%~90%，而认为资金不足及其他原因仅占 10%~30%。从这个数据来看，管理落后是严重制约中小企业竞争力提高的主要障碍。

管理思想是主要作用于人的行为，并在实践中发生作用的力量。管理思想和理论都是随着社会的发展而不断演进。不可否认，很多中小企业在当时、当地行业条件下，凭借销售渠道和价格创造出了成绩，得到一轮高增长。但糟糕的是，中小企业的管理者犯了一些普遍性的错误，如同人取得成就之后的骄傲自大、因循守旧、故步自封，从而使公司管理僵化，陷入"一叶障目"的险境。

在这种观念的主导下，企业管理者排斥新的理念，对新的方式方法视而不见，并由此使企业进入一种"维持"状态，也就形成了所谓的"盆景企业"。在这个阶段，很多中小企业更容易进入多元化，开始走小而全的路子，目的是给自己的企业形成上下游或者公司产品相关性的延伸，自认为节省了产品成本。但往往事与愿违，中小企业的小而全或者自我配套项目的发展，反而因为生产规模小、管理不善导致生产效率下降等。不仅加大了原产品的成本，而且产品质量也下降，更是形成了诸多的发展隐患。

一、小而全只会遇危即溃

2008 年金融危机，相信各中小企业记忆犹新，受美国金融危机的传导，中国众多中小企业深受影响，特别是沿海地区以代加工为生产主体的中小企业，更多的是迎来了灭顶之灾。企业经营与发展，需要的是综合能力，而中小企业走向了两个极端：单一经营与多元化发展。

1. 应该说单一经营主要体现的还是在代工生产的经营上。仅代工生产，技术研发、原料、销售这三项都不用考虑，企业只把产品的质量控制好就行，应该说就是一个生产车间的角色，纯生产型。这样的企业在中小企业中占有一定的比例，只要有稳定的订单就可以维持公司的运营。

2008 年受美国金融危机的影响，大批这种类型的中小企业倒闭，原因无非就两个：一个是订单的减少，当这类中小企业的开工率低于80%时，公司就进入亏损。另一个就是汇率的变化，本来这类公司的盈利率极低，净利润率也就是两三个点。当遇上汇率变动时，仅有的利润被汇率吃掉了，接单就是亏损。这类单一加工型中小企业，可以说是一定经济发展时期的特定产物，但绝不会是经济长期发展的主流。这类中小企业在 2009 年前后进入倒闭潮，也是情理之中的，这类企业的固定资产投资大、利润率偏低，任何经营的风吹草动，都是企业的不能承受之重。

2. 多元化发展

中小企业的多元化发展又分为多行业的多元化发展与相关产业的多元化发展。首先说多行业的多元化发展，中小企业成立伊始，在短时间内把公司做到一定规模，然后销售从快速增长到与行业增速持平，再到进入增长停滞，这种情况在中小企业是常态。中小企业成立之初，创始人利用自己的人脉与潜在客户资源，在超高性价比的诱惑下，促使客户在一段时间内的合作，导致销售快速增长，保证了公司创业初期的快速发展。在公司度过初创期的发展之后，公司的规范化引起各项费用的上涨，而创始人的资源也已经消耗完，这时公司的销售增长率进入停滞期。而这个状态，会成为企业的新常态。

在新常态的情况下，有两种途径可以让公司再恢复增长：一是以创始人为核心的二次创业心态，这个二次创业相当于一次企业的自我升级、自我革命，管理上、经营模式上的再创新，这又是创始人所难以做到的。众多的创始人选择了跨行业的多元化。

中小企业的创始人多有极强的投机性、投资赌性，在其他行业有投资机会时，企业的创始人会抓住机会，进入一个新的行业领域，在短时间内又做到类似于第一个企业的情况。不论是企业的创始人进入几个行业，做几个企业，如果创始人没有提高自己和管理团队的能力与创新，那么，企业的创始人他所创建的企业都会从快速发展过渡到发展停滞的新常态，也就是中小企业的发展瓶颈。

发展瓶颈是中小企业的第一道坎。如果没有解决发展瓶颈的能力，那么，企业的创始人不论再创办几个公司、在哪个行业，都会在不同行业因素的市场规模下，停滞发展，从而成为一个又一个的"盆景企业"。这就是中小企业多元化发展的结果，跨界没有让企业变强，只是从1个1发展到了2个1、3个1和N个1。这样的方式，是不会让企业的发展从1迈到2的台阶上的。中小企业跨界的多元化，不仅没有增强自身的竞争力，反而在多元化的过程中，不断稀释自有的资源，更是耗费掉原有的优势，造成一荣俱荣、一损俱损的潜在风险。一旦市场和政策有风吹草动，创始人的企业会一倒一片，从而无法自救。

而相关产业的多元化发展，是众多中小企业的选择之一。中小企业从单一产品迈向相关产品的生产、销售，这是有效地利用资源，是值得称赞的。在这基础上，又有一部分企业向产品的产业链延伸，形成一个小而全的产业链多元化。这就形成一个麻雀虽小五脏俱全的情况，但这个产业链的延伸，成功率极低，特别是经营效率低。

经营效率低的原因很多，一是企业的专业化不强，没有相关专业化的人才储备，是做不好技术，也做不好产品的。二是没有一个对该行业熟悉的经营管理团队，没有合适的经营管理团队，产业链多元化经营是不会成功的。对于企业的创始人而言，仅有资本的投资是远远不够的，既要有经营管理团队，又要有技术储备，这才是相关产业的多元化、产业链多元化发展的前提。

相关产业的多元化发展也是喜忧各半。在企业以原有产品扩充产品线的同时，在技术支持、财务规划上都有所欠缺。优点就是利用了原有的销售渠道，看似一时增加了销售额，但从长远来看这类产品的多元化却是中小企业的大忌。例如，德国中小企业的"隐形冠军"都是产品的单项冠军，也就是说，德国中小企业在单项产品中，很多是欧洲冠军、世界冠军；日本中小企业则是亚洲冠军、世界冠军。

回看中国的中小企业，大部分走向了小而多、小而全。中国中小企业的缺点是什么都想做，什么来钱快，大家一拥而上、一窝蜂去做，结果就是在红海市场竞争，利润微薄，发展不易。这样导致中小企业没有突出的主打、主导、主销的优质、优势产品，却有一堆很平庸的产品。这样的经营状况，在遇到经济下行周期或者行业周期下行时，肯定面临很现实又很残酷的局面，中小企业因经营不善而相继倒闭也就不足为奇了。

二、单项做强破瓶颈

如果把企业经营与体育项目做一个对比，就会发现很有趣的一个现象，那就是奥运会单人、单体项目占比赛总数最大。而团体类比赛项目偏少，仅占比赛项目总数的 10% 左右，如果这个现象与企业的经营比较，或许是最好的启迪。奥运会的精神就是"更快、更高、更强"，用在企业经营中，那就是资金周转率更快、经营管理水平更高、单品竞争力更强，企业的这种奥运会精神才更值得提倡。

更快，不仅仅是奥运精神，企业经营尤其如此。资金周转率不仅是企业经营水平的体现，更是企业发展质量的体现。对于企业而言，资金周转率的高低与快慢，直接与公司经营水平的高低有关，更是直接关系到企业的生死存亡。周转率越快，证明公司的现金流越正常，即使企业产品的利润低一点，却可以通过加速资金周转率，依然可以取得可观的利润。相反，如果公司的资金周转率低，再高的利润也没有用，一样会导致公司破产倒闭。

例如，东方园林（002310）作为国内园林上市第一股，也是民营企业园林股的老大。自2018年下半年以来，东方园林面临融资紧张、债务结构不合理及债务集中到期等诸多困难，这只是表面现象。深层次的原因就是东方园林所处的行业特性，决定了东方园林资金周转率极低，即使利润率高达40%，也不可避免地使公司遇上经营困难。公司的资金周转率，如同人身体内的血液，只有让血液流动起来，让全身的细胞都有营养供应，整个机体才健康。如果血液的流动慢了，肯定是高血压、高血脂、高血糖导致的，而"三高"的形成，严重威胁身体的健康。一如企业的高负债、高财务成本、高固定资产一样，此"三高"是毁掉一个企业的根本。

更高，是指一个企业经营水平的不断提高，越来越高，企业经营管理水平高，才是一个企业健康发展的基础，更是一个企业长治久安的源头。企业的经营管理水平能够不断提高，与企业家的不断提高、居安思危是分不开的。更高不仅是追求，更是行动，例如，华为公司，在通信设备领先的情况下，却积极寻求新的管理升级，并与美国IBM公司签署管理咨询合同。华为公司花费20亿元和10年时间，让华为不仅在研发流程、管理体系都脱胎换骨，更重要的是，10年的时间都在不断提高，让华为成长为国际化的一流公司。即使是这样，华为依然没有满足，还在不断提高公司的管理水平，继续努力。

更高，是一种鞭策，不断激励企业自我完善、自我学习、自我批评、自我成长。企业的经营管理水平高，才是企业发展的基石，才是企业竞争力的核心。更高也是曲高和寡的境界，出平庸而不平凡，是更高的一种释义。

更强，可以作为单品竞争更强来释义，也可以用在市场竞争中的更强来评论。强的是管理、强的是研发，最终体现的，就是市场竞争中的更强、产品竞争力的更强。更强的前提是单一产品的强、单项称王的强。特别对中小企业而言，单品称王或者小品类称王，这才是中小企业发展的核心竞争力。在这里可以用苹果手机的案例来做一个比较：人们都知道苹果手机，也知道苹果手机是智能手机的开创者，也是高端手机销量的王者，但是深入了解苹果手机模式的，却寥寥无几。

苹果手机每年推一两款新版本，当然，都是前一年手机的升级版。比如，从苹果 7 到苹果 7S 等，同款苹果手机的区别在于内存的大小、手机屏幕的大小，只有这两个区别。反观国内手机企业，手机型号众多，增加了消费者购买的选择难度，也为营销加大了难度，更是分散了营销资源，降低了公司的利润。苹果手机虽然手机型号少，只有两款，但销量却极大，每款手机的销量都是几千万部起，远远大于国内手机单款的销售量，更是超过了国内很多手机企业的总销售量。从销售数量上来讲，苹果手机甩国内手机企业几条街，更令人赞叹的是，苹果手机的采购单价更低，"携量以令诸侯"，这是国产手机想做又做不到的，更是羡慕的。苹果的采购战略是成功的，不仅在市场称王，更是在采购、操作系统、经营模式上称王，这就是苹果手机经营的强。

通过奥运会和苹果手机的案例，带给中小企业的启示很多。奥运会的"更快、更高、更强"精神，造就了诸多的单项冠军，并不断地打破原有的世界纪录，这是最好的体现。团体项目只有冠军，打破世界纪录的似乎少之又少。从这两点就可以说明公司的运营，如果经济环境、产业政策好，经营管理得当，公司在单一产品上，做到国际第一是有机会的。这就是德国中小企业奉行的单品称王策略，也就是西蒙称为

"隐形冠军"的德国中小企业经营之道。

相对于单品称王，多元化的发展是难上加难。一如华为公司，通信设备市场份额全球第一。这是华为努力奋斗几十年的结果，也是一个伟大的成就。华为在手机市场的销售量已经是全球第二名，如果没有美国的刻意打压，估计华为手机已经是全球第一名了，华为公司的几个优势产业，也都具备全球第一的潜力。单品做强，做到世界第一或许还不是太大的难点，真正的难点在于一个公司的多项产品称王。所以，单品、单项称王相对简单，而一个公司的多项产品称王则要难得多。

再回到中小企业的发展瓶颈问题，笔者认为中小企业发展瓶颈并不是大问题，而是中小企业从创业之初到有生存权以后，中小企业开始不断地做加法，这是中小企业衰败的开始。现在市场中的强势企业、冠军企业，在成长的过程中，无一例外都是做减法而获得成功的。企业只有把主业、主产品之外的副业、副产品、次要产品都卖掉、裁掉，才能心无旁骛地做强主业、做大主产品，这才是中小企业的发展之路。这也是企业发展历程中的战略选择，而这个战略选择，首先是拒绝众多的机会和利益的诱惑。其次，在杜绝多元化的路上，企业经营管理的不断成长，也需要忍受诸多的痛苦期，而这个痛苦期的煎熬，才是企业最难的时候，正所谓：熬得住出众、熬不住出局！

熬不住，出局。熬得住，出众。这句话也是相当有含义的。熬不住，出局。这句话比较简单，中小企业大部分都还在熬的阶段，更多的中小企业在这个阶段就出局了。虽然熬不住各有各的原因，各有各的客观因素，而迎接企业的结局，却只有出局。

熬得住，出众。话是这样说，内涵却完全不一样，熬得住这三个字，有太多的内涵。从字面来讲，就是能撑下去，能熬下去。简单讲，在比熬得住的这个时间上：一是谁的实力强，谁熬得久，熬得住。二是谁能适应在这个阶段的变化，谁能在变化中适应市场、适应环境，并在适应中得到发展，这才是真正的熬得住。也只有这样的熬得住，才是出众的前提。熬剩下的都是精华，一如熬膏药，熬到最后的，才是药效最好的。

对于中小企业来讲，熬得住尤为重要。熬得住就要讲方式、讲方法、讲策略，才能实现熬得住这一时期的发展步骤。百度的李彦宏说过："百度上市的时候，很多人疑惑，百度凭什么打败众多的竞争对手？秘诀很简单，那就是专注。这么多年以来，百度只做了搜索这一件事。"从百度的发展成功来看，对中小企业的借鉴尤为重要，中小企业的发展中，特别是面临发展"瓶颈"的时期，要想继续发展、想突破发展瓶颈，就必须迅速调整公司的经营模式，提高公司的管理水平。只有在经营中做到专注、专一、专业的加减法，才是企业熬得住的基础。

1. 采购量越大，单品采购成本越低

中小企业产品品类多、采购批次多、单次采购量小，导致中小企业的单品单件采购成本过高。中小企业通过做减法，减少公司的产品种类，特别是配套类产品、与主产品无关的产品。加大公司主产品、单品的采购量，减少采购批次，以此获得较低的单品、单件采购价格，降低采购成本。

2. 单品产量越大，质量越有保障

自美国福特发明组装流水线至今，产品的大批量生产有了更好的质量保证和生产速度的明显加快。现代工业的发展亦是如此，特别是针对中小企业而言，单品、单件的生产量越大，产品的质量和产量越有保障。在大批量生产中，各个工序的操作标准化、简单的事情重复做、重复的事情持续做。用"工匠精神"来做好每一个生产环节，那么产品的质量足以令产品在市场竞争中取得优势。

3. 产量越大，单品可变成本越低

确切地讲，在同等的时间内，产量越大、效率越高，这也就意味着单品的生产成本越低。学过科学管理或者熟知泰罗的管理者，都知道在相同的时间内，生产 1000 件产品和生产 1300 件产品的差距有多大。多出来的 300 件产品，相对于原来 1000 件而言，不仅是生产多出的量，而且也节省了电费、损耗，提高了劳动生产率，降低了公司的运营成本。所以说，产量越大，单品的可变成本越低，结果就是产品的生产成本越低。

4. 原料成本加 10%，质量提高 10%，售价提高 20%

中小企业在生产产品品质上做加法，在原来材料采购成本上加10%的加料成本，把公司产品与大部分偷工减料的企业、粗制滥造的企业区分开来。现在市场的需求层次分明，市场已经过了产品的普及期，市场需要品质产品，特别是高品质的产品。产品在原来材料的基础上加料 10%，"工匠精神"把质量提高、品质提高，那么产品售价就可以比原产品溢价 20% 以上，这就是优质高价的大势所趋。中小企业需要在原材料成本上加价、勇于把产品卖高价，以品质为前提，向产品的高品质要利润。

5. 单品提高市场占有率

中小企业对市场占有率不太重视，中小企业关注自己公司的出货量、关注公司产品的信息、关注竞争对手的信息，却很少关注公司产品的市场占有率。中小企业只有在单品市场占有率上做文章，才是企业发展的前提，也是市场营销的一个支点。产品单品的市场占有率，也深刻地体现着公司产品在市场的竞争力。市场占有率，也是评价产品的商标是一个商标还是一个品牌的标准。

6. 塑造强势品牌

品牌，对于中小企业而言，是一个模棱两可的问题。中小企业都有注册商标，都会对商标做一些 VI、CI 之类的设计与应用，但这就是品牌了吗？显然不是。品牌是市场中竞争出来的，广告推广等只是提高了品牌的曝光率、提高了认知率，但与市场购买的转换率没有直接的关系。一个公司、一个产品的品牌，是从市场占有率来实现的，是以品牌文化与消费者的心理需求共鸣来沟通的。以市场占有率超过 5% 为起点，当然不同行业情况略有差异，如果公司产品在市场上的占有率不超过 5%，那就基本断定，公司的品牌仅仅是一个商标，而不是一个品牌。市场认可的品牌，销售量是一个晴雨表，销售量越大，越证明被市场认可，这就是品牌的影响力。

品牌，有品牌形象、品牌文化及品牌定位。

用产品的品质和质量给品牌做背书和支撑，也就有了品牌的美誉度，美誉度越高的品牌，也是溢价能力最高的品牌。品牌是现代经济的入场券，一个品牌才是企业竞争的开始，才是通向高盈利的通行证。塑造一个强势品牌，这与产品的销量、市场营销推广、产品品质及技术研发密不可分。现在是信息社会，整个信息的传递速度快，可以迅速地推动一个品牌，也可以在社会舆论下击垮一个品牌。所以，品牌形象不仅要用心维护，更要处理好客户之间的销售小事，避免引爆不必要的雷。

品牌是企业竞争的无形核心，又是产品进入市场的先导。所以，品牌的重要性怎么强调都不过分，而且要借鉴优秀品牌的方法、方式及品牌战略。品牌兴则公司兴，品牌立则公司立，已经成为不争的事实。

三、创新上路

中小企业最缺的是创新，最底气不足的也是创新。而中小企业大量存在、拥有最多创新空白的，也恰恰是中小企业密集生存的产业领域。

中小企业所在的行业、产业内，具体体现就是投资门槛低、技术含量低、产品利润低的三低类行业。三低类行业最为明显的特征就是小微企业多，小微企业多造成了行业技术创新率极低。创新率低的原因是中小企业思维习惯的仿制化，大量的仿制，没有知识产权概念，从而中小企业本身也不考虑创新。中小企业即使有部分创新，也不懂得如何用知识产权来维护自身的利益，从而错过了创新成为知识产权的时间点。

1. 要勇于创新

中小企业要勇于创新、敢于创新，对于中小企业来讲，创新不是最难的。中小企业在一个行业有一定的生产积累后，就会有创新的启发点，特别是在应用创新上面。创新并没有那么难，难在没有创新的心。难在没有创新的方法、缺少创新的方式。中小企业的创新主要有两方面：一个是经营管理模式创新，另一个就是技术创新。

（1）经营管理模式创新

向管理要效益这是大家都熟知的一句话、一个事实，但真正能够做到的企业却少之又少。向管理要效益，就是要中小企业不断提高自己的经营管理水平，以降低成本、扩大市场份额为核心向管理要效益，这已经是比较认可的，也是企业成长历程中的一个必然。而现在在商业模式创新的时代里，商业模式创新则迅速征服了中小企业，成为中小企业创新的主要方向，也成为中小企业迅速发展的加速器。

　　商业模式创新，是一个综合创新。这个创新，基本都是由管理咨询机构帮助中小企业来完成的，或者是由"企业外脑"来支撑企业从单纯的生产经营向商业模式创新演进，然后形成中小企业自己的商业模式。但不管是哪一个来为中小企业的发展助力，都是为中小企业的发展提供了一个新的选择路径。

　　模式创新不是万能的，但却可以助力中小企业在市场的竞争中，凭借商业模式对企业经营进行创新，使中小企业在一方面的优势可迅速复制、快速发展成为核心竞争力，并借此从众多中小企业中脱颖而出成为可能。

　　商业模式自 2005 年以来，一直在进行模式创新。从商业连锁模式向各行各业发展，形成了涵盖中国企业界的模式创新，极大地提高了中国经济发展的质量。模式创新是中小企业最大的机遇，用 21 世纪信息社会的思维，来经营 20 世纪的传统行业，依然有较大的发展机遇，使传统行业重新焕发新的生机活力。中小企业根据企业本身的现状，结合市场、行业的具体情况，依托自身的优势，来制定新的经营策略，并以此为核心竞争力，推动企业加速发展。

　　商业模式的魅力在于一招鲜，吃遍天，市场只记住第一个。新的模式推广后，肯定会有众多的模仿者、跟随者，但市场效果就差了很多。模式推广以快为主，推动企业快速发展，并在企业的不同发展阶段，不断提升经营管理，使商业模式不断为企业在市场中的竞争提供源源不断的内生力。

　　（2）技术创新

　　对于中小企业来讲，模仿容易，创新难。模仿是以实物为参照物，是市场中已经存在的产品，而且是畅销的产品。而创新，则是市场中目前没有的，但市场中却存在大量的潜在需求。这些需求，都是客户在使用产品时不断提出的建议，这就是中小企业创新的切入点。

中小企业不善于用创新去做新产品，用新产品去占领市场，提高市场占有率，因为这里有一个风险，那就是批量生产以后的滞销风险。作为利润微薄的中小企业来讲，研发费用、产品的试制费用与滞销的风险，使中小企业对创新选择了退避三舍。也因为中小企业对创新的畏缩不前，更导致了中小企业继续在三低类行业的循环中无法自拔。中小企业要勇于创新、敢于创新，也就一定要有方式、有方法。中小企业的技术创新可以分为应用创新和基础创新两个路径。应用创新相对容易一些，而基础创新的难度大，但后期的长久收益也大。

①应用创新

应用创新是小创新、微创新，或者是附加值创新。微创新、小创新主要是指中小企业在生产、产品功能方面的应用创新。比如，通过调整生产方式、方法可以提高生产率、提高产品质量，这也是创新。通过对产品零部件的改进、调整，使产品的成本降低，或者令产品的功能更优异，这也是创新。对于中小企业而言，只要用心、只要有心，只要敢于创新，中小企业的创新点就会显露出来，创新也就顺理成章，在技术创新的路上越走越远、越走越快、越走越好。

附加值创新基本属于营销创新的产物。比如，以前空调宣传的负氧离子功能，在空调器上加装一个负氧离子发生器，而在营销推广中，对空调的制冷、制热、质量都尽量淡化，一味地宣传空调的负氧离子功能。在剑走偏锋的路上，这也是创新，这种创新就是附加值创新。从国内市场来看，附加值创新的产品比比皆是，风马牛不相及的两个产品一碰撞，都能让产品价值倍增，而客户与消费者也喜闻乐见，成就了新产品的市场。跨界是创新的起点，也是新模式的开始，如宝马越野车与轿车的结合体 X6，既有宝马 X5 的越野通过性，又有轿车的驾乘舒适性，宝马 X6 开拓了新的细分市场，自己开辟了一个新的蓝海，开创了一个新的细分产品种类。所以说，创新是无处不在的，附加值创新也有大未来。

对于中小企业而言，微创新、小创新、附加值创新尤为可取。这类创新的难度小、市场见效快、利润高，虽然定义为流星产品，流星产品却可以让企业积累创新的经验与提高企业的利润，让企业的发展由量到质的转变。

②基础创新

对于中小企业而言，基础创新的难度特别大，但基础创新也是最好的创新，最有价值的创新。相对于小创新、微创新、附加值创新的应用创新，基础创新则是各科科学的理论突破式创新与技术化的突破。基础创新是全新的产品创新，如同电磁理论的创新到电机、发电机产品的问世，不仅仅是创造了一个全新的产品，更是开启了第二次工业革命，使工业革命进入电气化时代。就此而言，基础创新的准备时间长、应用技术量产周期长、相对的收益周期更长。基础创新适合作为长期的发展战略，应用创新适合作为短期的技术研发应用。企业长期与短期创新相结合，结合方式一定要适度、适宜，才能把企业的创新工作、创新战略做好。

2. 技术专利化

中小企业知识产权观念淡薄，特别是用在自身知识产权的维护上也少，使很多中小企业的小创新、微创新被行业复制，失去了快速发展的机会。创新技术化、技术专利化，这是中小企业维护自身利益的有效途径，也是让企业可持续创新的起点。自中国专利法实施以来，中国专利法经过不断完善，突出了知识产权的保护力度，这个保护，就是逐步加大对侵犯知识产权的惩罚。中国专利法与国际专利法接轨，专利法给创新提供了一个最好的保障，也给中小企业的创新带来更多的政策保障。

中小企业的技术创新、商业模式创新、著作权等，都组成了企业的核心竞争力。中小企业核心竞争力需要继续创新，更需要保护。就企业的技术创新而言，像微创新、小创新、应用创新等，可以根据创新水平的高低，申请外观专利、实用新型专利、发明专利。

在以上申请专利的价值衡量中，外观专利的价值相对较低。实用新型专利对技术上有一定创新度的方式、方法都予以认可，促进了实用新型专利数量的快速增长。以目前的实用新型专利而言，绝大部分的实际价值偏低，很多企业以大量的实用新型专利来申报国家高新技术企业，以此来享受低税率待遇和提高企业技术的含金量。但这些实用新型专利的产业化，或者说这些实用新型专利没有实际应用到企业的生产产品之中。在实用新型专利中，有少部分是高价值专利，不仅在科技成果转化中卖出高价值，更是为购买企业创造了丰厚的回报，并且在知识产权纠纷中获得高昂的赔偿金。

发明专利的含金量是 3 个专利中最高的。发明专利的保护期为 20 年，是实用新型专利 10 年的 2 倍，发明专利的数量，体现了一个国家的科技实力，也是一个国家创新能力量化的一个数据。发明专利通过 PCT（《专利合作条约》）申请国际专利的比例大约为 5%，这个数字是真实的，这个数字比例也反映出，发明专利的高价值专利与整个发明专利的数量相比，占比基本在 5%。准确地讲，中国发明专利中高价值专利与通过 PCT 申请的专利数量基本相等。中国发明专利 2019 年的申请量达到 100 万件，但授权率仅为 23% 左右，在授权的专利中，能做到产业化、市场化的专利，占授权率的 5% 都不到。通过这个现象，笔者总结出了一个定律——百分之五定律。

百分之五定律是指中国国内的发明专利产业化数量与总量的比率，也是国内发明专利中通过 PCT 申请国际发明专利的数量与总量的比率。百分之五定律也表明了发明专利总量之中，大约只有 5% 的专利是高价值专利，是可以成为推动企业发展的技术创新型专利。

对于中小企业而言，尽量不做无用之功，在技术研发上，要把技术研发专利化。这个专利，一定要实现在产品的创新上，为企业带来产品的竞争力，并以此形成良好的技术研发循环，使企业的技术创新在市场的知识产权保护下，取得良好的经济效益与单品效益。

3. 专利标准化

对于中小企业而言，技术的专利化相对比较容易，而且易于实施。而标准，对于中小企业而言相对陌生。标准每时每刻都在人们的生活中体现着，也在企业运营的各个环节中。如 ISO 国际质量体系认证，GB 是国家标准，是我国为保护公民的安全利益而推出的国家强制标准。GB/T 是国家推荐标准，然后是行业标准，最后是企业标准，也就是企业创新后可以制定的第一个产品的标准，统称企业标准。

中小企业要敢于制定企业标准。中小企业在技术研发专利化之后，特别是以专利技术的产业化之后，即可开展产品的标准化规划，同时把专利技术点制定到各项产品标准之中，形成细分市场的垄断。

中小企业在拿到技术的专利授权之后，即可开展产品的标准规划，在产品推向市场之前，可以先行制定产品的企业标准。企业标准是行业标准和国家标准的基础，也是产品走向市场的必备的一个基础。企业标准的制定相对简单，把产品的技术参数、性能参数及质量控制步骤写好，同时结合专利授权内容，共同组成产品的企业标准。

中小企业在完成企业标准的制定并公布后，即可在产品的执行标准中使用。市场对产品欢迎，企业在产品推广大获成功之后，可以继续申请产品的行业标准。行业标准相对于企业标准而言，含金量高一些，对产品的市场推广会更好。

行业标准的制定，要先有一个行业协会，行业协会也可以是企业原来所在的协会。行业协会组织起草行业标准，也可以由企业自己完成起草标准的工作。行业标准原则上高于企业标准，行业标准的基础是在企业标准的基础上进行采标，也就是优化和提高企业标准的各项参数，提高产品的部分技术性能，使之成为行业的统一标准。行业标准的制定与公布，对规范行业内的无序竞争有极大的改善，更有利于保护中小企业的知识产权。

中小企业在国内市场中合理地运用知识产权保护，阻止无序竞争，特别是针对侵权的不良企业进入产品市场，最好的办法就是在行业标准的基础上，申请制定国家标准。只要国内市场中没有与公司产品相同或者相近的国家标准，而企业产品本身的技术质量水平完全满足客户需求，就可以申请国家标准的制定。

制定国家标准首先要向国家标准委申请国家标准立项，在收到国家标准委的受理后，即可开展产品的国家标准的采标工作。国家标准制定有两种方式。

一是国内没有，国外有的，就以引进国外的为主。这方面是以国家职能部门为主导制定国家标准。

二是国外、国内都没有，而企业标准、行业标准已有的，则可以由企业或者行业协会提出申请，并经企业、行业协会在行业标准的基础上优化、提升后，申请国家标准。

中小企业的技术创新，在形成技术专利化以后，特别是形成国家标准的制定者，这才是中小企业发展的核心竞争力。中小企业起草制定的国家标准，肯定会把技术创新的专利授权内容加入国家标准之中。这也就意味着，只要国内同行业的企业使用本产品的国家标准，肯定就会对国家标准中的专利造成侵权，就面临国标制定企业的侵权索赔与惩戒。

国家标准的制定者，可以一劳永逸地独享技术创新并制定国家标准带来的市场盛宴。而这样的例子，在中小企业中并不鲜见，从而使一批中小企业迅速发展成为独角兽企业，在市场竞争中，成为某些细分市场和行业的冠军企业。

中小企业在制定国家标准独占市场之后，再制定国际标准的比较罕见，这也就说明，中小企业目前的市场集中于国内，国际化的中小企业并不多，所以在国际标准的制定上还是有些遥远。对于中小企业而言，技术创新的专利化已接近进入成熟阶段，对于专利的标准化方面，目前还处于进行中的阶段，这也是值得称赞的。

持续创新是一个持续的、长期的工作。创新不是一日之功，创新是一个技术学习、消化到创新的过程，更是理论指导实践，验证理论到再创新的一个往复式的过程。

创新要面对周期长的现实。中小企业的平均寿命只有短短的 3.7 年，而创新却没有特定的时间出结果，特别是面临技术创新的长周期时，企业对创新的热情瞬间就降到了冰点。中小企业成立之初，要先解决企业在市场的生存权，在生存权都朝不保夕的时候，创新这个问题，就被忽略不计了。中小企业在确保有市场的生存权后，创新才会进入正常的发展轨道，而创新的开始，又因为创新的投入，会让中小企业重新进入苦不堪言的生存大战中。

中小企业在推动走创新之路初期，首先就是人、财、物的最大投入。招募优秀的创新型人才，配套创新所必需的相关设施，并预留创新基金，这是必需的一个初期投入，当然还要每年源源不断地持续投入才行。中小企业在初期的创新投入中，往往在短期内看不到可以使用的创新成果，中小企业本就不丰厚的利润又被持续的创新投入占去一大部分。在这个阶段，是中小企业在走创新之路最为纠结的时候。

不创新、不投入就是在行业的竞争中慢慢等死。而搞创新、大投入就是找死，特别是中小企业意识中的搞创新，就是搞一下，看看创新行不行。在中小企业并不坚定的创新立场，面对短期创新的无成果时，绝大多数又陆续选择了放弃创新。能够坚持持续创新研发的中小企业少之又少，而这一点，也成了中小企业发展的分水岭。

研发创新是一个慢工出细活的历程，中小企业在创新前就要做好预研。企业自身的财力、人力及技术资源能否保持对创新的长期投入，能否保证创新研究在短时间不出成果时，企业能继续正常经营。也就是说，中小企业在市场竞争中的利润，能对研发创新提供长期的支持。研发创新花的都是真金白银，研发人员的高薪、研发设施的高水准，如果这两部分已经让企业倍感负重的话，那么，研发创新的技术或者产品，要走产业化、市场化的时候，才是真正耗费巨资的时候。

众所周知，一款新产品从试制到批量生产，不仅在生产过程中有改进，而且更有工艺的创新。从技术到批量生产，整个过程的投资，或许将消耗掉企业一两年的利润。这些都不是主要的，真正的是创新后的新产品能否在市场打开一片天地，被客户认可。如果创新带来的新产品没有被市场认可，销售没有上量，惨遭滑铁卢，那也是常有的事情。毕竟在国内 100 件专利中，真正能在市场做好产业化的专利，不超过 5 件。这就表明，很多企业经过大量的创新研发，所做出的产品仅有 5% 能够在市场中出现并被客户认可。最低的比例，则是 100 件专利中，仅有 1.5 件专利产品能够被市场和客户认可。

中小企业的创新能力本来就低，再加上创新的成功率低、创新成本高，这两低一高，成为阻碍中小企业创新的拦路虎。中小企业想创新、敢于创新，却不能长时间持续投入、投资创新，原因就在这里。中小企业纠结的，是对创新后的市场打不开而形成的投资失误，更会让中小企业元气大伤，从而对创新望而生畏。

没有一成不变的失败，更没有一成不变的成功，失败是成功之母，创新也要允许失败。中小企业的创新只有经历过失败，才会更好地提升创新的成功率，也只有不断地总结失败的原因，才会为创新成功找到路径。面临这个情况，中小企业更应该提倡持续的创新精神。

中小企业持续的创新精神，也就是要持续不断地进行创新试错，只有不断地创新试错，才会走向创新的成功。创新简单、持续难，这也是中小企业必须克服的现实问题。也只有克服了持续难，有了持续创新的精神，中小企业或许才能在行业的细分市场打下一片天地，形成隐形冠军，或是做细分市场的冠军，从而进入利润的高位区，在中小企业中脱颖而出。

四、避免成为"盆景企业"

中小企业的平均寿命不长，很多调查结果显示，中小企业的平均寿命仅为 3.7 年。不可否认的是，很多中小企业创立后，大部分是在 1~2 年的时间内倒闭的，而在市场竞争中有 20% 左右的中小企业存活超过 5 年。而生存期超过 10 年的中小企业，已然成了"盆景企业"。

"盆景企业"是一种比喻，就如养一盆盆景。盆景讲的是造型，生长可以被压制，或是让盆景的植物生长按照主人的意愿而形成他所想要的造型。一盆好的盆景，不在于生长速度有多快、有多高大，而是在保持植物生命特征的前提下，植物的造型有创意、有寓意，并适合一个好的名字，这才是好的盆景。盆景植物本身并不金贵，却在园艺师的修剪下，让盆景有了想象空间，加上适当的名字，使盆景大幅度增值。

盆景栽培的植物生长时间长，一般都是几年甚至几十年的植物，也就是说，盆景的价值，一个是造型的园艺艺术，一个是植株树龄，两者相合，即为盆景。而作为企业，特别是一旦被称为"盆景企业"，则证明企业已经错过市场的高速发展期，特别是因为企业自身的原因，已然没有了快速发展的动力。自身经营仍然有盈利，在发展与倒闭之间的位置固定了，一如盆景，只存活，生长异常缓慢。

"盆景企业"有以下三个特征。

一是盆景企业基本都是中小企业。营业额大多在 5000 万元以内，个别行业内的中小企业营业额在 500 万元以内。这类企业的共同特点在于，不管行业增长率有多高，这类企业的增长率变化不大，也可以说，该类型企业已成为"盆景企业"，营业额每年都比较稳定，但远远低于行业的增长率。

二是该类型的"盆景企业"人员比较稳定，从管理人员到一线员工，流动率低。往好的方向讲，就是该企业人员稳定，没有流失风险。往坏处讲，就是该企业属于家族化的裙带关系人员多，已经形成一个利益共同体，致使外部优秀的人才招不来、留不住。

三是该企业所在的行业竞争不激烈，同时该行业有比较好的利润空间。

以上三点是"盆景企业"诞生的温床，也是"盆景企业"可以长期生存的主因。"盆景企业"并不是不好，反而因为有部分"盆景企业"的存在，成为中小企业长期发展的"活化石"。

"盆景企业"作为行业发展的"活化石"，也是大有裨益的。每个行业都有行业周期，在行业周期下行的时候，很多中小企业大量倒闭，使行业内的中大型企业强者恒强，抗风险能力强，促进中大型企业的市场份额进一步提升。行业周期下行后，经过一段时间的盘整，再加上政策的利好，行业周期进入上行期。每个行业的上行周期，基本都是中小企业大量进入的时期，更多的中小企业一拥而入。

在行业的上行周期，作为行业"活化石"的"盆景企业"，则成为创业者的"黄埔军校"。从"盆景企业"离职创业有两个优势：一是在行业内工作时间长，对产品、对行业及公司运营比较熟悉；二是对"盆景企业"的发展没有信心，想在行业发展的红利中，用自己的能力赌一把。恰恰是这种创业心态的人，形成了创业潮，初期的成功率是最高的。

从这个角度讲，"盆景企业"是行业的"活化石"，也是中小企业的创业培训师，更是中小企业的"火种"。

"盆景企业"存活的核心是产品的质量。通过调研部分"盆景企业"得出千篇一律的一个核心，那就是"盆景企业"存活下来的原因——始终如一的、稳定的产品质量。中小企业倒闭的原因很多，但是"盆景企业"存活下来的方式却是一样的，那就是对产品质量始终如一的坚持。

低创新或者无创新成就了"盆景企业"良好的产品质量。不创新，或者说低度创新成了"盆景企业"产品质量稳定的立足点。"盆景企业"在产品上，从原材料采购到生产工艺、生产管理的一成不变，才是产品质量稳定的基础。该类型企业拒绝原有产品的创新，不管是从原材料还是生产工艺、生产管理，不创新就意味着无变动，无变动就意味着质量的始终如一。这是"盆景企业"最大的优点，产品品类及系列虽然都不多，却从不盲目地拓展新品类，更不会主动创新。

"盆景企业"的近义词是保守企业。是的，"盆景企业"在市场的竞争中存活下来，成了行业的"活化石"，这就是企业故步自封，经营者保守的一个真实写照。保守，就是企业家的思想保守，导致经营保守，这既是缺点又是优点。优点是固执地沿自己的方式一成不变地经营下去；缺点是故步自封，没有任何创新之处。

"盆景企业"源于企业家的小富即安。小富即安是说一部分先富起来的人或企业，刚刚取得一些成绩就容易满足、不思进取的思想，或者在其他方面取得成绩就自满自足的思想。作为一个公司的创立者，特别是中国众多中小企业的创始人，在大企业工作过的为数不多，一般也是从中小企业离职和自由创业的人。这些创业者，相对缺少系统的管理理论，对管理、行业发展趋势都是有些模糊，没有一个清晰的认知。特别是对于他们而言，学习能力差，但又过于重视圈子文化和社会关系，已经注定了他们在企业的发展中遇到瓶颈时，不是去寻找解决问题的方法，而是自我感觉良好地认为，这个行业就这么个情况，我已经做得很好了。

你已经做得很好了吗？是的，大多数中小企业的创始人认为，他已经做得很好了。从大多数中小企业创始人的创业历程和他的圈子来看，他也是以企业家自居，自认为已经是成功了。他的成功，也仅仅局限在他的认知里。如果创始人在创业前的创业初心，就已然决定了现在企业的状态，创业的初心就是要做一家企业，一家比某某企业好的企业，仅此而已。而这个某某企业只是他的前东家或者当地的一个中小企业而已。所以当创业者逐步成为守业者的时候，也就完成了企业从发展到停滞的转变，也就又成了别人创业时的某某企业。

中小企业创业的初心简单，主要以赚钱为主，所以当企业利润增长无望，而发展趋于半稳时，也是中小企业创始人心态从积极进取转向自满的时候。因为在这个阶段，作为企业的创始人，因公司几年利润的积累，衣食住行无忧，生活及各方面明显优于周围的人群及亲友。当众人的赞美越来越多时，创始人的进取心则越来越少，越来越满足于当前现状。

中小企业的创始人，在这个阶段追求平稳。特别是看到周边企业不断地陷入困境以致破产的时候，企业的创始人在经营上愈加保守。经过多年的创业，他们怕的是晚节不保，更怕的是因为经营导致破产后，自己的富裕生活将一去不复返。基于这样的心理，加上小富即安，这才是造成企业盆景化的两个核心。在这种情况下，创新就是企业创始人的大敌。害怕创新，主要是因为创新的未知才是他们的关注点。创新的成功率不高、创新的时间又长、投入的费用又大，这个创新的高、长、大直接把企业创始人给吓坏了，从而不会去轻易尝试。

中小企业要避免成为"盆景企业"，只有不断地学习，并学以致用，在企业的创新上加速前行，才是唯一的突破瓶颈的方式、方法。中小企业只有顺应社会发展，不断地调整企业的经营模式、管理模式、技术研发模式，形成以管理为主、模式创新和技术创新为两翼的模式，才是中小企业保持可持续发展，并不断成长的源泉。

五、小船亦能出海，走向国际市场

记得路长全说过一句话："没有一个品牌弱小到不可以去竞争。"这句话尤其适用于中小企业。没有一个企业弱小到不可以去竞争，也没有一个企业强大到不可以去挑战。中小企业尤其要用好自己的优势，定位好自己的潜在目标客户，服务于客户差异化需求。特别是中小企业要勇于借船出海，善于信息共享，把产品的销售渠道国际化，走出国门，走向更广的国际市场。

国际化不是大企业的专利。一提到国际化，可能最先想到的都是这是大企业、大集团的事，或者说这是它们才能做的事。中小企业规模小、实力一般，想做国际化信心不足。其实，这是一种偏见，没有一个企业弱小到不能去竞争，没有一个企业不可以去做国际化运营。

随着互联网的大行其道，全球一体化、国际化的加深，企业推广平台越来越国际化，而且推广成本大幅度降低。全球的信息资源越来越丰富、越来越透明，这一切都是对中小企业的重大利好。如亚马逊、

EBAY、阿里巴巴国际版等，也是为众多中小企业走向国际市场提供了一个良好的平台，更为中小企业与客户的直接沟通打通了"最后一公里"。从这方面来讲，中小企业的勇于试水，敢于迈出向海外市场的第一步，本身就是企业的自我超越。

中小企业的国际化必须根植于互联网，用互联网多平台的推广方式来弥补自身的缺陷。大企业、大集团的国际化是以公司经营水平的国际化，然后到客户所在国的本地化两个阶段来完成的，在这个过程中，耗费时间长、耗费资金大，对人力资源有很高的要求。大企业、大集团的国际化，是以大市场、高营收为前提的，更多的是以技术为先导，加上政策的扶持。

相较于大型企业，中小企业在经营水平、人力资源、资金实力上，都是相对的弱势。特别是在开拓国际市场的耗费时间上，大企业、大集团的方式对中小企业来讲无疑是等于自杀。互联网的发展带动各个电商平台、即时沟通工具的出现，让中小企业的国际市场拓展，门槛降到了可以忽略不计。中小企业通过国际展会推广自己的产品，通过邮件随时与客户沟通，加上电子商务平台的应用，三位一体形成了中小企业国际化的基本模式：国际化电商平台作为中小企业产品推广的全天候宣传展示地，国际展会作为中小企业在国际市场的不定期拓展的桥头堡、即时沟通和邮件等工具的应用，共同构成了中小企业国际化的第一步。

中小企业走向国际化的第一步，意义深远。其中一个就是中小企业的市场从国内市场转向以国内市场为主、国际市场为辅的阶段，而国际市场的前景，又数倍于国内市场。也可以这样说，中小企业国际化的第一步，让中小企业从国内市场的河里到了国际市场的大海里，这是一个巨大的变化，迎来一个更巨大的发展空间。中小企业的国际化，不仅仅为中小企业的发展打开了一个新的天地，更让中小企业的管理、思维、产品品质与国际接轨，使中小企业的经营水平迎来新的提升。中小企业市场国际化之路，是注定要走的，在国内市场国际化、国际市场本土化的今天，没有一方净土是没有竞争的。中小企业只有走国际市场的竞争，才是中小企业做强的磨刀石。

国内市场的竞争不弱，国际市场的竞争却不一定强。中小企业对国内市场和国际市场的认知，就是国内市场的竞争激烈，而国际市场的竞争就更加猛烈，事实呢？国际市场要区分对待，比如，美国所在的北美，德、法、英所在的西欧，韩、日所在的亚洲等，高端的制造业，是它们的优势，而在劳动力密集型的产业、手工业则是它们的短板。比如，南美洲、非洲、西亚等地区的国家，中国制造的第一出口国在这里，特别是这里的资源更是中国所需要的。从以上两方面来讲，中小企业的国际化，要完成自己产品国际化的定位，针对哪类的目标客户，从市场开拓的先易后难，在短时间内打开国际市场，积累国际化的经验至关重要。

海尔集团国际化的三部曲是"走出去、走进去、走上去"，对中小企业的国际化而言，依然有很高的借鉴性，即使海尔在进行国际化的时候，已然是一个大型企业集团，但国际化的方式方法、步骤则相差无几。中小企业的国际化先是要走出去，然后是走进去，而走上去对中小企业而言几乎就是奢望。中小企业的走出去，对于目前的环境而言不是难点，现在中小企业国际化的核心点在于走进去，作为中小企业国际化的第二步，才是中小企业国际化的关键。

走进去作为中小企业国际化的第二步，也是最关键的一步。其实可以这样分步骤完成：一是在每个大的洲相对大的市场所在国设立办事处，以此来加速公司对产品售后服务的及时性。二是运作顺利后，逐步加大公司所在区域的推广，提高公司产品的市场占有率。随着公司在所在区域的销售增长，视情况将办事处升级为分公司，人员的分工更细化、服务的效率更高，这是中小企业国际化的第二步。走进去已经落地生根，可以很好地完成公司要求的市场开拓、技术支持、售后服务等各项工作，并加快发展。

国际化加强了中小企业的抗风险能力。在中国有一句俗语：鸡蛋不要放在同一个篮子里。这句话的道理大家都懂，所以说，中小企业的国际化大大提高了抗风险能力。中国国内本身就是一个大市场，但在国内市场竞争的企业又是最多的，特别是中小企业的同行们，使得国内市场国际化、价格战和无序化。中小企业在红海市场竞争白热化的环境下，全力开拓国际市场，让企业的国际化来提高企业的抗风险能力主要体现在以下几方面。

（1）市场扩大

国内市场的容量相比国际市场，那就是小巫见大巫，国际市场总量是国内市场的 5~6 倍。从这个角度讲，中小企业的国际化，特别是市场开拓的国际化，那就是从河里到了海里，或者说是从海到了大洋，市场总量的放大，就意味着中小企业进入新的发展阶段。也许很多人会说，走出国门的中小企业，既要面对国际化更早的发达国家的企业竞争，又要面对国际市场中本土企业的竞争，中国的中小企业能行吗？

回到国内市场的一个事实。自中国进行改革开放伊始，国内市场已经逐步地国际化了。也就是说，中国的企业即使不走出国门，但是国外的企业已经蜂拥而至，使国内市场成了国际市场的重要组成部分。中国的中小企业在自己的家门口，也必须面临着国外企业的竞争，在这样的市场竞争环境下成长起来的中小企业，还对国外的国际市场担忧什么？国内市场只是中小企业成长的磨刀石，敢于走向国外市场，也是中小企业发展的必由之路。国内市场中的外企，是国际化水平比较高的，中小企业熟知它们的优缺点，也就能找到自己公司国际市场的切入点，用这样的适用战术，攻进国外企业的腹地，成功率反而更高。

中小企业市场开拓的国际化，是中小企业发展的里程碑，是值得赞扬的，特别是中小企业市场总量的最大化，也就形成了中小企业发展的新台阶，使中小企业的发展瓶颈又一次拉长。记得吴晓波《水大鱼大》中的一句话："只有水大，鱼才能大。"这句话套用在中小企业的市场开拓上，恰如其分。只有进入一个大的国际市场，中小企业才有新的成长、新的发展、新的提升。中小企业的国际化，就是市场先扩大，自己才能做大，也只有中小企业在国际市场的开拓中做大，才能使中小企业历经新一轮的成长。中小企业的国际化水平越深入，国际市场的开拓越细化，那么，中小企业的抗风险能力就越强。

东方不亮西方亮，这句话内涵丰富，又富有哲理。每个行业都有自己的行业周期，当行业周期上行的时候，也是中小企业发展最好的时候，也就是所谓的躺赚时期。每到行业周期下行，就会垮掉一批企业，也就到了企业的严冬期。中小企业在进入国际市场后，行业周期的影响相对会小很多，因为国际市场是由很多国家的市场组成的。当国内行业周期下行的时候，国际市场就是一个很好的弥补，也就是东方不亮西方亮，使中小企业的抗风险能力大增。从这方面来讲，国际化是中小企业发展的必由之路。

（2）利润空间大

相较于国内市场而言，国际市场中的中小企业的盈利空间更大，单品的利润更高。同国外人力资源的关系对比成本不一样，使得中国中小企业劳动密集型产品在国际市场上有较强的竞争力。

劳动密集型产品的高利润。也许你会问，劳动密集型产品怎么会有高利润？不都说科技含量高产品利润率才高吗？是的，科技含量高的产品利润高，但是劳动密集型产品的利润也有高的。我国是一个人力资源大国，每年出国劳务的人也是一个庞大的群体，劳务的目标国包括日本、韩国、新加坡、澳大利亚等。国外的劳务收入一般是国内的 2 倍以上，这是中国的劳务输出，输出的多为劳动力，去从事的也是劳动密集型的生产工作。而国内生产国外同类型产品，人工成本只有国外的1/5，即使国外的生产效率高一些，但是人工成本也比国内的高 1 倍以上。

从这方面讲，中国中小企业的劳动密集型产品在国际市场有较强的竞争力。中小企业需要善于发现商机，变中国劳务输出为部分劳动密集型产业的产品输出。这种产品的输出，也是间接的劳务输出，从而创造国际市场的竞争优势，更是提高了产品的利润率。

以劳动密集型产业的产品输出替代劳务输出，这既加强了中小企业在国际市场的竞争力，更是通过劳务关系的方式，提高了产品的利润率。中小企业提高了产品的利润率，其实可以说是获得了劳务的差价，以劳务的差价，堆积了自己的高利润。对中小企业而言，产品的出口，产品市场的国际化，也是提高产品利润的一个方式方法，更为企业的发展提供了更多的资源保障。从而为中小企业可以在产品的技术创新、科技创新打下一个坚实的基础，为产业升级做好准备。

（3）高科技产品的利润高

这个是肯定的，而且高科技产品和劳动密集型产品是一个高低配的现状。如果说，劳动密集型产品部分体现在如玩具、礼品盒、服装、鞋帽等产品上，那么，高科技产品就体现在无人机、监控器、通信设备等产品上，这类产品在国际市场上有巨大的技术优势。技术优势转化为产品的高利润，高利润又支撑产品的技术研发，形成了良好的产业循环。高科技产品更依赖国际市场庞大的总量，一个国家的市场总是有限的，在高投入、强研发的前提下，生产销量越大，研发成本的分摊上，单品的成本越低。反过来，在研发费用相同的情况下，销量越大，单品的利润就越高。可以说，中小企业的国际化，产品销售的国际化，更是产品利润上升的国际化。

（4）可持续发展

中小企业的国际化更有利于中小企业的可持续发展。对于中小企业而言，做大不是优先的选项，做强才是中小企业的最优选择。对比国际上的大型企业与各国的隐形冠军，就可以看到这样一个现象：大而不强的企业最容易在国际、国内政策变化下一击即溃。而各行业的隐形冠军，都是有几十年、上百年的历史，特别是各个隐形冠军的年销售额相比大企业而言，可以说小得太多，但隐形冠军企业在行业内的控制力却是超强的。

作为行业的隐形冠军企业，突出的是做强，从研发技术到市场占有率和行业产业链的整合，都有强大的掌控力，可以说，隐形冠军左右着细分市场的发展。中小企业要走的，就是隐形冠军的路径，以国际市场的高利润、大市场，增强中小企业的抗风险能力，同时加快、加大本企业的技术研发，最终形成部分技术垄断，来加速达成隐形冠军企业的目标。只有形成良好的研发体系、市场转化体系，加快研发的产品传导来加固市场优势，才是中小企业实现可持续发展的方式。只有中小企业可持续发展，才是实现隐形冠军企业的必经之路。

第三章　中国制造依然有春天

一、从马桶盖看中国制造

2015 年 1 月 25 日，财经作家吴晓波发表了一篇文章《去日本买只马桶盖》，第一天的阅读量就超过了 60 万次。一文激起千层浪。

在日本售价 2000 元的马桶盖，有抗菌、可冲洗、坐垫圈加热等功能，并且在所有款式的马桶上均能安装使用。一个马桶盖都跑到日本去购买，难道中国制造的马桶盖就真的一无是处？恒洁卫浴董事长谢伟藩曾对记者说："中国智能马桶盖在功能上绝对不输于日本产品，甚至比日本的更好用。比方说，日本智能马桶盖都必须配备储存热水的水箱，这很容易滋生细菌，用水量也受到限制。而包括恒洁卫浴在内的很多智能马桶盖都是即热式的，不需要储水箱，不需要储热水，随时用、随时开，用多久都可以，这就是明显的优势。"

国内加工制造业大部分都习惯于生产，包括出口代工的企业，中小企业忙于低头生产的同时，忽视了国内市场已经分层和长尾化的需求。

这就形成了国内的高端需求转向了进口产品，中端需求转向了以品牌为主的产品，而面对需求量最大的低端，则是对价格敏感的产品。国内大部分制造业还是针对中低端消费群体，面对高端消费者时，品质、品牌、渠道、定位及文化都是一个待解的难题。即使面对中高端消费者对品质的诉求，国内众多企业也是有心无力。国内制造业善于加工制造，但产品品质在大规模生产的情况下，并没有同步提升，反而随着价格战的开打，产品品质不升反降。也就是说，中国是制造业大国，而不是制造业强国。中国中小企业需要关注市场需求变化，中小企业更要注意产品品质，更要提倡"工匠精神"。

作为企业的经营管理层，必须时刻关注市场的变化，而市场又是与社会发展、技术进步、人均收入等密切相关的。在全球一体化的当下，市场的长尾化更为明显，长尾市场的特征也为企业的发展定位提供了大量的数据分析基础。长尾市场从销量的大小排序，到销售价格的从高价到低价排序，从品牌的分层分级排序到各品牌内部单品的排序，都为企业的经营管理提供了非常好的竞争分析与本企业的市场竞争定位。在后续的市场分析中，人们根据长尾市场的销量与售价排序，就可以得出一个价值定位，也就是品质定位图，如图3-1所示。

从图3-1可以清晰地看出目前市场的特征，也可以说是长尾市场的特征。在市场中销售量最大的产品，往往都是价格最低的产品，而这类产品占了市场销售总量的80%左右。销售价格高的产品通常情况下，约占市场销售量的20%，这也就是通常讲的2∶8定律，或者是20∶80法则。但现在这个20%与80%是不对等的，第一个80%讲的是销售量，第二个20%讲的是销售量的80%的销售额，也就是说，销售总额的20%可以与市场销售总量的80%相等。显而易见，销售价格高的产品在

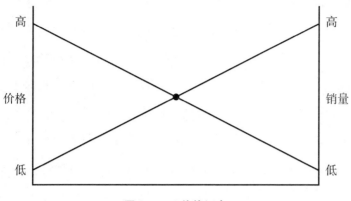

图 3-1　X 价格汇点

品牌、科技、文化定位、品质等方面全面领先价格低的产品。用品牌的溢价获得更高的销售额，从而获取更高的利润。相反，价格低的产品以低质低价满足市场存在的初级消费或是刚需，但利润微薄，显然是销售量极大，但销售额占市场销售总额的比例却很低，与销量占市场份额的比例成反比。

在图 3-1 中，随着价格线的上升，与销量线的下滑，形成了交会点 X。这个交会点 X 尤为值得研究，暂且把这个交会点 X 称为品价会点或者品质经济会点。随着中国的改革开放和全球化的加速，中国经济的发展一日千里，使中国人民的生活水平迅速提高。国内消费水平从 20 世纪 90 年代开始进入庞大的内需增长阶段，这个时期的消费特征是刚需，只要市场上有的都不愁卖，也就是卖方市场。而进入 21 世纪后，国内市场逐步进入买卖平衡市场，后进入买方市场，而买方市场的形式，也使得市场变得复杂而又多元，市场的长尾特征也就明显地凸显了。

市场是调节器，调节的是价格与销量，价格越高，销售量就越低，价格越低，销售量越大。而图 3-1 中形成的交会点 X，则是市场价格与销量的平衡点，这个平衡点，凸显了社会销售市场与社会销量的本质。这个本质就是以交会点 X 向左移动越多，则代表的市场是卖方市场，也就是刚需阶段。当交会点 X 越向右移动，则表示买方市场的比例越大，市场的长尾化和多元化越明显，是品质、品牌经济的显著标志。交会点 X 越向右，则代表高品质、高价格的高端品牌销量越大。交会点 X 居中，则代表品质、品牌、价格相对均衡的中高端市场时代，体现了经济的平均水平。当交会点 X 越向左时，则体现了市场的卖方市场，以产品的普及为主要消费。

对图 3-1 交会点 X 的左、中、右三个点的分析可知，其与经济发展密切相关。如果说国内在 20 世纪 90 年代的消费水平为交会点 X 偏左，那么，现在的国内市场则居于交会点 X 的中间位置，欧美等发达国家则居于交会点 X 偏右的位置。而图 3-1 中的交会点 X，就是中国市场目前的真实反馈，国内消费已经度过了刚需阶段，进入了品牌、品质与价格相对均衡的中高端消费阶段。而中高端消费阶段所体现出来的就是买方市场的基本特征，这个特征的表象，则与吴晓波写的《去日本买只马桶盖》中所言的相对吻合。中国中小企业既没有抬头看路，也没有认真低头做事，这就是中国中小企业普遍存在的现实困境。中小企业对国内市场的消费升级没有把握到位，却又把擅长制造生产的根丢失殆尽，造成了中国制造的隐痛。

二、制造业的隐痛

MADE IN CHINA，标志着中国制造走向国际赢得的荣誉，也是中国的一张名片，回看中国制造的发展，可以清晰地看到，中国制造业的冰火两重天。

中国制造是以来料加工为开端，逐步延伸到代工、贴牌和自主出口阶段。中国制造在来料加工阶段，是利用国内庞大的待就业人口，也可以说，是国际上部分跨国公司利用中国人力资源丰富的优势，可以大幅度地降低生产成本，而把中国作为产品的生产制造中心。外企自带原料，中国出厂房、人工，加工完成后的产品出口国外，这种方式就称为来料加工。优点是外企对产品从原料抓起，确保了产品质量的稳定，避免了原料从中国采购带来的潜在质量问题。缺点是中国仅仅赚取了部分加工费，除去人工和经营费用之后，利润微薄，更对中国的相关产业没有形成带动发展。

代工制造是在20世纪90年代替代来料加工，成为中国制造出口的主要形式。以家电行业为例，国内家电行业在2000年前后竞争愈来愈激烈。国内家电业随着强者恒强的现象，众多的二线品牌工厂开始成为外企的代工厂，代工了冰箱、DVD、洗衣机、电视机等。给外企做代工生产，优点显而易见，国内企业经过市场竞争的洗礼，在原料采购配套、生产流程、质量控制等方面，都形成成熟的体系，产品质量完全满足外企的要求。国内企业为外企做代工生产，直接带动家电行业的产业配套发展，更是解决了大量的劳动就业，也带动了税收的增长，更为企业的技术创新打下了坚实的基础。但代工生产的缺点也是显而易见的，还是老问题，外企给的代工利润还是一如既往的微薄。

自主出口阶段。中国产品的出口，涵盖了从原料出口、半成品出口、初级产品出口到高科技产品出口的发展历程。中国出口以原料出口为先锋，如矿石、稀土、农产品等，进入国际市场，这类产品的出口是以创汇为主要目的的。到半成品出口为主时，形成了中国制造的雏形，如机械部件、汽车零部件等，这也是中国制造走向国际市场的一大步。中国制造自主产品的出口从初级产品向高科技产品发展，从家电、机械、摩托车、汽车、手机等大量地走向国际市场，为中国制造赢得了荣誉和赞誉。特别是随着以华为、中兴等一批通信企业为代表的高科技产品出口，为中国制造转向中国智造添了浓重的一笔。

中国制造是出口加工、合资企业产品出口、外商独资企业产品出口和部分中国高科技企业的产品出口换来的，来之不易。为了促进中国的进出口贸易，每年在广州举行春秋两次广交会，极大地推动了中国产品的出口。加上近些年国际贸易的兴起，越来越多的中国企业走出国门，到各大国际展会参展，推动公司产品在国外的销售。特别是互联网和即时通信工具的普及，也让众多的中小企业，即使不出国门，也可以完成国际贸易的成交。国际贸易增加了中国制造出口的同时，也增加了隐忧，这就是中国制造的劣性——拼价格导致的低质与假冒伪劣的出口。

中小企业参与国际贸易本身是值得鼓励的，但很多时候，中小企业的产品出口也是低价竞争争取的订单。而这类低价订单的利润微薄，导致部分中小企业在进行产品原料采购与制造时，明显地降低了质量标准，或者没有按照国际质量标准及国家标准来生产，导致产品外观一样但质量相差较大。这类的制造对中国制造形象造成了较大的负面影响，更是让国际市场对中国制造形成了低价、低质的偏见与代名词。殊不知，中国制造形象的损伤，也拜部分外商所赐。随着中国制造的大量出口，部分国外的商人也乘机做国际市场的中间商，通过中国产品与国际市场的价差获利。这部分国际中间商逐步不满足于微利，开始到中国寻找价位更低的企业进行采购。这种采购后期演变成低质、低价的出口方式，由此也为中国制造蒙羞。

如果要深究中国制造的劣根，则需从长期低质、低价制造的惯性思维讲起。中国自改革开放后，民营企业如雨后春笋般大量涌现并迅速发展，形成了轻工业大量的实际产能。这类产能的闲置，又为市场低质、低价的无序留下了伏笔。中国的改革开放发展史也是企业的发展史，中国地大物博、人口多，在从农耕经济向工业经济迈进、跨越式的发展中，必然会有大浪淘沙，从而涌现出各产业、各行业的优势企业。家电行业就是一个最好的榜样，改革开放后，中国陆续引进国际上先进的家电生产线，在求大于供的发展时期，让家电行业成为各省投资的高地。一窝蜂式的投资形成庞大的产能，而家电行业又是大型家用耐用品，在家庭的重复购买率极低，而市场的普及期又接近尾声的情况下，家电行业的产品创新与价格战同时打响。

彩色电视机亦称彩电，也曾作为家电的代名词，这足以显示出 20 世纪 90 年代前后，市场对彩电行业的重视与消费者对彩电的渴望。彩电不仅成为人们茶余饭后的消遣，更是了解国内外新闻动态、信息传递、影视文化的平台，也是那个年代人们求知欲的一个具体载体。从以上几点来看，彩电的热销也就顺理成章了，是刚需。是在精神消费匮乏的年代，最直接、最实用的电器，更是从黑白屏到彩色屏、从小屏幕到大屏幕的升级发展。也是从无到有的低质量向从有到优的高质量过渡。

这一时期青岛海尔电冰箱厂的砸冰箱事件，成为行业质量管理的分水岭，同时带动了家电行业品牌建设的快速发展。品牌、渠道、价格、广告极快地促进了家电行业从散、乱、差向优势品牌、行业前十名企业的市场份额集中。彩电行业传统六大品牌在 2017 年"双十一"期间合力拿下 48.4% 的零售份额，比 2016 年同期增加 4.1%。其中海信电器份额占比为 14.6%，比上年同期增加 2.2%。TCL 份额占比为 10.7%，同比增加 1.8%。创维基本持平，市场份额占比为 8.9%。小米和夏普分别撑起互联网电视和外资品牌的半边天。

到 2017 年年末，彩电行业前十名的企业，零售份额占全行业的 86.2%，比 2016 年同期提高 8.8%。仅从彩电行业来看，行业的发展从散、乱、差向行业前十名企业市场份额的逐步集中过程，也是行业逐步成熟、大浪淘沙后的稳定发展时期。但在行业稳定发展期到来之前，却让众多的中小企业在市场的竞争中关门大吉，更让低质、低价的恶性竞争从此杜绝。可以这样说，中国的众多产业、行业在逐步规范、成熟的同时，淘汰掉的企业，绝大部分是低质、低价制造思维的企业。只有因时而变、因市而合的企业，才是今后能够生存和发展的企业。

发展中的中国，仍然是国际上最好的创业者乐园。中国人口多，本身就是一个巨大的市场，市场就是商机，而商机则引来众多的投资者和创业者。当然，大多数的创业者都是从制造业进入创业期的，制造业的创业有两个优势，这个优势是对创业者而言的，对经济和市场秩序则有一些扰乱，那就是技术门槛低、投资门槛低、市场监管不到位。如芜湖的傻子瓜子，年广久在创业初期投入的资金很少，而炒瓜子对技术要求不高，普通人通过简单的培训即可熟练上岗。可以说，在这个时期的创业者，是中国改革开放后的第一代创业者，他们身上有鲜明的时代特征，那就是敢闯、敢想、敢干！他们关注市场，抓住市场需求而创业，在这段时期内创业，很多人成为胆子式创业，有敢为人先的胆子就行。

说到技术门槛低，国内中小企业的创业，大部分仍然乐于进入技术门槛低的行业，中小企业创业讲的是存活，创业即盈利。中小企业没有技术积累，更经不起先研发再生产销售的方式，所以对中小企业而言，开业即盈利、开业即生产、开业即销售才是真正的生存之道。不论是中小企业还是国际化的企业，追求利润是第一位的，没有利润的企业都是扯淡。中小企业创业选择的行业，进入技术门槛低，基本都是以前在别人企业工作时的技术复制与技术积累，这样的创业者，首批产品基本都能达到原工作公司的质量水平，并有小部分优化与改进。这种低技术门槛的产品，生产工艺相对简单，生产流程少，并且产品结构也相对简单，使得中小企业的创业难度低。技术门槛低的行业，使中小企业初创期生存率高，这也是中小企业大量存在的基础。

对于中小企业的创业者而言，投资门槛低才是硬道理。从实缴注册资本金到缓交注册资本金，这是国家为了降低企业的开办费用、鼓励创业、带动就业，同时也给中小企业发展打开了一片天空。中小企业大量注册，更为中小企业的创业降低了门槛，这只是一方面。中小企业的投资门槛低也是中小企业所选择的，这个行业的资金周转快、固定资产少、生产设备简单，这样的行业可以让中小企业轻装上阵，尽快实现盈利。但同时也意味着，较低的投资门槛会让劣质与低价产品盛行，使得行业内出现劣币驱逐良币的现实，以致行业内的中小企业度日如年，大量中小企业成为僵尸企业。

这种现象的出现，使行业内的企业类型成为哑铃式的现状。大量的小微企业用低价、低质产品冲击市场，使中小企业数量总体减少。中小企业在经营中费用高，无法与偷税漏税的小微企业比成本，又无法与大型企业比质量与研发。行业内大型企业则通过产品创新与经营创新，成为市场中高档产品的统治者。行业内出现哑铃式分布，实则是劣币驱逐良币的结果，也证明了国内市场的长尾化与分层化的真实现象。

产业升级背后的就业压力。针对中国制造业的现状，结合国际制造业发展的趋势，中国提出"中国制造2025"，也就是第四次工业革命的规划。各地方政府根据本地区情况，相继推出产业升级作为"中国制造2025"的过渡方式，以求在"中国制造2025"中抢得先机。几年过后，很多地区的产业升级规划效果并不明显，更多的地区，产业升级成为一纸空文。产业升级背后就是本地区的就业压力，就业是一个大问题，中小企业解决了本地区80%以上的就业。在这种情况下，中小企业又占据了本地区企业总数的90%以上时，产业升级就面临两个突出的问题。

一是中小企业赖以生存、发展和成长的并不全是高科技、新技术，而是以丰富的人力资源为依托的价差式成本。这个现状是大部分中小企业的实际情况，所以，产业升级肯定意味着自动化的上升和科技含量的提高。中小企业雇佣着大量低水平的技能员工，升级就是减少员工，而且是大量地减少用人岗位。中小企业对高技能水平和综合职业素质的员工有部分需求，而员工即使通过培训，也难以达到新生产设施对员工的要求时，中小企业都在算自己的一本账，这是第一个问题。

二是中小企业面临产业升级，不仅仅是产品的全面提升，更是生产设施的更新、引进和技术储备。首先体现在生产设施、生产设备的更新上，这对中小企业而言，是一个巨大的投入，特别是在环保日趋严厉的情况下，新的生产设备、设施的投资，都是中小企业难以承担的。产业升级的技改补贴，在中小企业升级的投入数额面前，是杯水车薪的，也是无能为力的。其次是技术储备，中小企业的发展是以生产制造为基础的，技术创新和技术储备寥寥无几。新设备、新生产设施对技工、工程师的熟练程度要求高，中小企业不具备大量的技术人才，现有的技术人员在新设备、新设施到位后，根本不能胜任其本职工作。

产业升级是一个必然的趋势。"中国制造2025"更要加快实施，但很显然，这个规划是要以大型国企、大企业为先导。也只有大型企业推行产业升级，"中国制造2025"规划从局部打开局面，再推动全国，这也是一个渐进的过程。中小企业的产业升级，会经过一个大浪淘沙的过程，使中小企业从小而全向小而专、小而精的一个经营理念的转变。只有对中小企业的经营思想在小而专、小而精的思路转变时，产业升级已然没有任何阻力，"中国制造2025"规划也就顺利实施。

中国制造发展之路面临两个瓶颈，形成拦路虎，挡在中小企业发展的路上。其中一个就是人力资源，那就是中小企业如何把人力变成资源，中国不缺人，缺的是把人力变成资源的人——高端的经营管理人员与高端的研发人员。

中小企业在经营管理中与欧美的中小企业相比，有太大的管理能力差距。中国从农业国迈向工业国也不过是几十年的时间，而欧美成为工业国已有200多年的历史。这个200多年的历史，就决定了它们在经营管理中开创了很多的理论来指导实践。然后又在实践中归纳出更多的新理论，并形成新的管理工具，使得欧美的企业在经营、研发体系、宣传推广中占尽优势。而欧美真正的竞争力还是在于欧美的教育与企业培训的结合，形成了庞大的高端人力资源，支撑着欧美企业的发展。

反观国内，我国的教育是应试教育，而且涉及管理、经营的学科相对较少。企业大学、企业培训又比较薄弱，中小企业都是希望招聘实用人才，来就能工作，工作就出成绩，这可能吗？人才都是培养出来的，从工作实践中出来的，相互挖墙脚，并不能解决高端人才紧缺的现状。更何况中小企业普遍存在家族式掌控，外来的职业经理人环境融入都是一个问题。中小企业的管理变革迫在眉睫，中小企业的管理从经验式走向制度化、体系化，才能将人才招得来、留得住、用得好，才能使企业的发展进入新的阶段。

研发人才紧缺，直接导致中小企业的产品创新速度减缓。国内大部分中小企业谈不上创新，能够把大企业的产品复制并保持质量不变，已经是比较难得。技术的创新是相当难的，特别是在研发人员稀缺的情况下。根据一组统计数据显示，中国有 3000 万名左右的研发人员，已经是国际上位居第一的数量级。分析一下，中国的企业数量更是雄踞世界第一，达到了 2907.23 万家。从这个数量来看，平均每家公司 1 个研发人员，如果扣除央企、大型企业的研发人员数量，那么中小企业估计每家只有 0.1 个研发人员。这就是中小企业的研发人员现状，既是现实的，更是企业发展的难言之隐。

中小企业数量的快速增加，是基于创业环境的宽松，在技术门槛低、投资门槛低的情况下实现的。这类中小企业的数量增加只是数字的变化，而不是中小企业经营水平的质变。再看到中小企业平均寿命 3.7 年的数字时，人们就能体会到中小企业诞生即拼命的气息。中小企业生存不易，发展更难，而中小企业的创新发展则是典型的难上加难了。

三、迈向中国质造

制造业是国民经济的主体，更是立国之本、兴国之路、强国之基。自工业革命开始，欧美等国凭借第一次工业革命、第二次工业革命的巨大成就，在全世界范围内瓜分殖民地，争抢势力范围，最终酿成第一次世界大战和第二次世界大战。由于科技的发展与工业革命的巨大成就，战争由冷兵器进入热兵器时代，所以造成第一次世界大战伤亡约 10221 万人，第二次世界大战造成约 7000 万人丧生。这就是工业革命、科技创新带来的危害，但工业革命不会停止。在第二次世界大战结束后，由美苏争霸而带来的核能、空间技术、信息技术的高速发展形成第三次工业革命。应该说，新工业革命是全世界人民的福祉，信息技术的高度发达，让地球成为地球村，世界之间的联系更为密切及时，为经济、文化的繁荣打下了坚实的基础。

2012 年，德国政府开始制定并推动"工业 4.0"计划；同年，美国政府推出"先进制造业国家战略计划"；英国政府于 2013 年推出"工业 2050 战略"；而日本则于 2015 年推出"科技工业联盟"；中国政府审时度势，根据工业革命的发展历程和经验，推出"中国制造 2025"。"中国制造 2025"是中国政府实施制造强国战略的第一个十年行动纲领，拉开了中国版第四次工业革命的大幕。

"中国制造 2025"的推行，对中小企业而言是一次重大的机遇。"中国制造 2025"是中国版的"工业 4.0"，是中国第四次工业革命的蓝图，也是第四次工业革命国际标准导向的规划。确切地讲，第一次工业革命和第二次工业革命在中国的发展及成长比欧美晚了一两个世纪，第三次工业革命，中国勉强与欧美相比，处于跟随阶段。但是"中国制造 2025"的出台，则意味着中国在第四次工业革命的发展史上后来者居上，已经在战略层面与欧美、日本并驾齐驱，也为世界的第四次工业革命有了中国版的解读。为国际的发展有了中国力量的参与，更是夺得了第四次工业革命标准的入场券与话语权。由此，第四次工业革命对于国内中小企业而言，更是一次重大的机遇，中小企业要善于在整合政策、科技、人才三要素，在熟知"中国制造2025"规划的基础上，探索一条适合中小企业各自优势的发展之路。

自德国于2012年推出"工业4.0"计划到中国政府推出"中国制造2025"规划，其核心仍是工业革命历史延续的范畴——科技创新与提高生产效率。"中国制造2025"也是为中小企业的可持续发展指明了方向，中国中小企业逐步向高、精、尖升级。有这么一则故事：在一次记者会上，一位外国记者问西门子总裁："为什么区区8000万人口的德国，竟然有2300多个世界名牌？"西门子总裁说："我们德国人追求的经济有两点：一是生产过程的和谐与安全，二是高科技产品的实用性，这才是企业生产的灵魂。"由此可见，第四次工业革命的核心是在生产过程中提高生产力，更要提高科技产品的实用性，以此来创造新的市场和产出。

中国制造从数量型转向中国制造的质量型。中国制造已经是世界的一个奇迹，更是中国人民的骄傲，可以讲，中国制造是以数据来证明的，不是自夸。

①世界最大规模液压机——中国二重8万吨液压机。中国第二重型机械集团成功建成世界上最大的模锻液压机，这台8万吨级模锻液压机，一举打破了苏联保持51年的世界纪录。

②世界最大数控龙门镗铣床——北一缔造机床航母。

③世界最大超重型数控卧式机床——武汉重型机床集团。

④世界最大高精度数控轧辊磨床——上海机床厂。

⑤世界最大油压机——中信重工18500吨油压机。

⑥世界最大加工直径螺旋桨加工机床——中传重型七轴六联动

机床。

⑦世界最大齿轮数控加工设备—— 中信重工。

⑧世界第一台新型五轴混联机床——齐齐哈尔第二机床集团。

⑨世界最大立式车铣床——齐重直径 25 米数控重型机床。

⑩国产高档数控机床出口发达国家——大连光洋开创先河。

以上只是中国制造在机床行业的一部分，再看一看中国大品类的世界第一。

①生铁产量世界第一，2016 年中国生铁产量 7.007 亿吨。

②煤炭产量世界第一，2016 年中国煤炭产量为 34.1 亿吨。

③粗钢产量世界第一，2016 年中国粗钢产量为 8.08 亿吨。

④造船吨位世界第一，2016 年中国造船吨位为 9997 万吨。

⑤水泥产量世界第一，2016 年中国水泥产量为 24.03 亿吨。

⑥电解铝产量世界第一，2016 年中国电解铝产量为 3187 万吨。

⑦化肥产量世界第一，2016 年中国化肥产量为 7004 万吨。

⑧化纤产品世界第一，2016 年中国化纤产量为 4944 万吨。

⑨平板玻璃产量世界第一，2016 年中国平板玻璃产量为 7.14 亿重量箱。

⑩汽车制造世界第一，2016 年中国汽车产量为 2800 万辆。

如果说以上 10 项世界第一基本上都是央企、国企来创造的，那么，以下几项世界第一则是民企为多。

①手机产量世界第一，2016 年中国制造手机 21 亿部。

②鞋产量世界第一，2016 年中国产鞋 65 亿双。

③电冰箱产量世界第一，2016 年电冰箱产量 9238.33 万台。

④空调产量世界第一，2016 年中国产空调达 1.3 亿台。

⑤摩托车产量世界第一，2016 年中国产摩托车 1682.08 万辆。

⑥钢琴产量世界第一，2016 年中国产钢琴 36 万架。

⑦世界第一大家具出口国。

⑧工业机器人产销量世界第一。2016 年中国工业机器人产销 7.24 万台。

⑨电视机产量世界第一，2016 年中国产电视机占全球出货量的 84.7%。

⑩洗衣机产量世界第一，2016 年中国产洗衣机 7620.9 万台。

中国制造世界第一比比皆是，2016 年中国进出口贸易总额为 2.1 万亿美元，占世界第一。这个世界第一，是由诸多中国制造的世界第一组成的，包括进口的数量，也是单项第一的世界纪录。准确地说，诸多的世界第一，都是数量型的，都是客观的、数字的，这就是中国制造的表现。中国制造发展到今天，人们还理应看到有诸多的短板，那就是中国制造的优势在于制造能力的庞大，但质量偏低，或者说中国制造的科技含量偏低。比如，中国的工程机械产值世界第一，涌现出三一、柳工、徐工、中联重科、厦工等一批优秀的企业，但在核心部件上，依然严重依赖进口。中国工程机械整机厂组装能力强，但在高精度液压件方面，国内配套企业严重缺失，只能依靠国外的厂商配套。这也就说明，中国制造目前只可以称为中国组装，中国制造向中国质造转变已是刻不容缓。

四、新工匠精神

中国制造到中国质造，虽然是一字之变，但对中国企业而言，特别是中小企业而言，却有天壤之别。

自 2019 年以来，北京保利瀚海嘉德乾隆青花瓷拍卖成交额逐年走高。近年来，"清三代"（康熙、雍正、乾隆）时期的官窑青花瓷受到市场的追捧。首先，"清三代"瓷器烧制技术已经相当成熟，又加上康熙、雍正、乾隆三代帝王对瓷器的热爱，耗费大量的人力、物力、财力精心制作，所以烧制出来的青花瓷器堪称中国陶瓷史上的巅峰之作。其次，"清三代"的御用瓷器，必须经过官窑的精心挑选，如有瑕疵立即销毁，所以民间极少流传，存世量极少，从而具备很高的升值潜力，具有较高的艺术观赏性与收藏价值，市场的价格也高得惊人。以下是进入 21 世纪后成交的乾隆年间的拍卖纪录。

2005 年 10 月 23 日，清乾隆青花缠枝花卉龙拍出价格为 3248 万元。

2009 年 10 月 8 日，清乾隆青花缠枝花卉龙拍出价格为 3986 万元。

2010 年 6 月 4 日，清乾隆青花穿花龙纹梅瓶拍出价格为 3584 万元。

2010 年 12 月 1 日，青花胭脂红料双凤拍出价格为 12386 万元。

2010 年 12 月 5 日，清乾隆青花缠枝花卉三羊拍出价格为 3864 万元。

2012 年 10 月 30 日，清乾隆青花海水祥云应龙拍出价格为 9775 万元。

2012 年 11 月 25 日，清乾隆青花八仙贺寿双耳尊拍出价格为 3220 万元。

以上是"清三代"青花瓷器在拍卖会上的拍出价格，不能用价格高得离谱来界定，只能说明"清三代"瓷器官窑出品必属精品的传承而已。官窑是民间对御用瓷器所用的称呼，但这个称呼，可是有极大的权威性。官窑是相对于民窑而言的，官窑瓷器的制作，要求极为严格，其技术、艺术水平代表了当时国内的顶尖水平。而且成品又经过精心挑选，是精品中的精品，更是把略有瑕疵的瓷器销毁，使其出厂的每一件瓷器都是完美无缺的。仅从这一项来讲，更是民窑所不能比的。如果把官窑和民窑做一个对比，非常明显的一个就是，官窑是以大师级的艺术品少量供应皇室为主，而民窑则是以民众日用品为主的大批量生产。这个对比的焦点在于其制造流程中的质量、品质的追求差异化。在官窑生产制造中，出现大的质量问题，轻则参与制造的工匠治罪，重则参与制造的工匠面临砍头之极刑。作为官窑的瓷器，特别是作为御用的瓷器，更是马虎不得，也是官窑各级官员的重点监督所在。而作为民窑而言，做的品级好，单品价格只是高一点，瑕疵多的产品，价格就卖得便宜，仅此而已。

如果说清朝的官窑体现的是御用，那么，作为中华人民共和国钓鱼台国宾馆所选用的国宴用瓷，其历史地位，与"清三代"的官窑御用瓷器相比，也毫不逊色。硅元陶瓷被誉为当代官窑，这个荣誉是从1984年硅元陶瓷走进中南海开始的，30多年来，硅元陶瓷一直作为国家机关的专用瓷，堪称奇迹。

作为国宴用瓷，硅元陶瓷最有代表性的瓷具当属1999年设计的中华龙盖杯及其系列餐具。这款由中国工艺美术大师陈贻谟先生设计的产品，富丽堂皇、高贵典雅，具有浓郁的民族特色和时代气息。以陈贻谟先生为代表的设计团队，在参考中国历代古瓷珍品上，灵活运用民族特色元素，突出硅元陶瓷的材质和釉料优势，成功研发设计出中华龙系列产品。2016年10月，作为中国最高规格、最高水平的国宴用瓷和国家元首接待用瓷又经过一次全国评选，最终的结果是，硅元国瓷中华龙系列仍是首选。不同的是，这次中华龙系列在原有的基础上做了提升与改进，2016 年款中华龙系列产品从材质、器型、画面、功能等方面进行了全面提升，改进工作历时 2 年，是中华龙作为最高规格国宴用瓷使用长达 17 年后的又一次新生。

这次历经 2 年的改进，首先从高石英瓷质上进一步精选原料，优化工艺参数，严格控制生产工艺，使外观、透光度、热稳定性等进一步提升。其次对中华龙系列画面图案细节进行重新设计和修改，细节得到优化、更富层次、画面更加协调生动。最后对人性化和功能性加以改进，结合以人为本的功能理念，满足了客户更多的使用需求。这些改进，既保持了中华龙系列原有的基本面貌，又从材质、器型等方面精雕细刻，精益求精。

从历史发展来看，从官窑到国宴用瓷的发展，其核心依然是设计的追求完美到制作中的精益求精，这就是精神，更是工匠精神的传承。这种工匠精神，才是中国制造到中国质造的 DNA。诚然，从"清三代"瓷器的工匠精神到今天中华龙系列产品的工匠精神，当代的国宴用瓷在制作上更为精良、科技含量更高、工艺标准更高。社会在进步，科技更是飞跃式发展，唯有工匠精神一直传承。不同的是，清朝的工匠精神手工制作水平高，但在产品的标准化方面有所不足。而今天的工匠精神，或许手工制作水平略低，但在产品的质量标准化方面、自动化方面乃至瓷质的提升方面，则是"清三代"瓷器远不能与之相媲美的。

由此而言，不同的历史时期对工匠精神的评定不同。在农业社会的工匠精神，讲的是技术、艺术的精益求精，其工匠本身所具备的技艺水平高，而且可以保持其产品及创作的高水平，这就是"技师工匠精神"。而现代则是工业社会、信息社会，新的工匠精神则需要与新科技、新发明、新标准相结合，在批量生产的标准化上追求精益求精、在产品品质上追求完美、在设计上追求创新发明、在材质上注重新科技、新材料，这便是"创新工匠精神"。

创新工匠精神，应该是工业社会时期的新工匠精神。笔者认为，新工匠精神在设计研发阶段，要把新发明、新科技、新材料的整合做好，确保新产品在设计阶段的全面性、超前性。当今的时代，是信息爆炸的时代，无论是电子产品还是工业品，更新换代已经从十年、八年、五年、三年向一年、半年的时段飞速过渡。产品代别的加快淘汰，就意味着创新与发明进入高速发展期，更预示着产品单靠性能的叠加设计之路越来越难，而换代又越来越快。创新工匠精神不仅仅是一个企业、一个行业，而是已经到了一个产业的创新与发明中。这个时代的工匠精神，不仅仅执着于产品性能的叠加，而在于守正出奇，开创性地进行对原有产品、原有行业和产业的颠覆。例如，苹果手机以设计、应用创新的新工匠精神，革了诺基亚为代表的 2G 时代众多手机厂商的命。苹果手机的问世，不仅仅是产品创新，更是颠覆了手机行业，完成了手机行业的重新洗牌，而自己则独占鳌头。

2007 年 1 月 9 日，苹果联合创始人——史蒂夫·乔布斯正式发布了第一代苹果手机，并于同年 6 月 29 日上市销售。2008 年 7 月，苹果推出 iPhone3G，这款机型增加了 3G 模块和 A-GPS 功能，最重要的是为今后苹果软件生态创新增长打好了基础。苹果 iPhone3G 手机的发布，直接颠覆了诺基亚、摩托罗拉等 2G 手机企业的发展模式，使苹果手机成为 3G 时代的开创者。苹果 iPhone3G 手机的亮点首先是大屏，这是比 2G 通信时代功能机最明显的外部特征。大屏的优点多，便于阅读，便于触控操作，由此开启了智能手机的先河。

其次苹果手机作为第三代移动通信的首款智能手机，改变了 2G 手机以打电话、发短信为主要特征的通信时代。3G 时代的智能手机，是以数据流量为特征的应用，其主要特点就是苹果手机首创的软件 APP 大量应用，使第三代移动通信更加服务于人们的衣食住行，成为人们最亲密的伙伴。

苹果手机是一款颠覆性的产品，颠覆了 2G 手机行业，使产品的技术创新与设计创新相结合，更是与社会发展的趋势相结合。正是因为这种创新的工匠精神，引导着苹果手机在 3G、4G 时代的全面领先。苹果的开创精神从手机、电脑、音乐播放器、平板电脑，无一例外，都成为行业创新的典范，而这种创新，是新时代研发设计的工匠精神。如果说苹果是新时代研发设计的工匠精神，那么，生产领域的工匠精神是什么形式呢？

是丰田汽车的精益求精吗？不是。是六西格玛？

记得 1996 年前后，摩托罗拉的翻盖手机 338 广告中有这样一句话：百万部摩托罗拉手机中，只有 3 部存在质量隐患。要知道 1996 年前后，手机的故障率是很高的，摩托罗拉用数据告诉你，你买到的手机只有百万分之三的机会存在质量问题。这是最好的营销，用这个数字，让你对翻盖手机情有独钟。那摩托罗拉是怎么做到的呢？

六西格玛是 20 世纪 90 年代中期开始从一种全面质量管理方法演变成一个高度有效的生产流程设计、改善和优化方法，并提供了一系列同等的适用于设计、生产和服务的新产品开发工具。西格玛（Σ，σ）是希腊字母，是用来衡量一个总数显示标准误差的统计单位。一般企业的瑕疵为 3~4 个西格玛，以四西格玛为例，相当于每 100 万个总数量，有 6210 次误差。如果企业不断追求品质改善，达到六西格玛的程度，相当于 100 万个总数量，只有 3.4 的误差。因此，六西格玛成为全世界追求管理卓越性企业最为重要的战略举措。六西格玛逐步发展为以顾客为中心来确定企业战略目标和产品开发设计的标尺，追求持续进步的质量管理哲学。

六西格玛最早是由摩托罗拉推行的，使摩托罗拉产品品质发生了巨大的蜕变，摩托罗拉产品的品质，全面超过了同时期日本企业的产品品质。随着六西格玛优点的展现，美国通用电气引入并全面推广，成为全世界尽人皆知的，作用于降低成本、提高企业竞争力的质量管理体系。在农业社会适用的工匠精神，在工业社会、信息社会适用吗？肯定不适用。农业社会是以手工业为主的慢工作、小市场，而工业社会则是机械化、自动化、大批量，这就需要用工业思维、信息思维来重新定义新时代的工匠精神，重新设计工匠精神，并以此形成新时代的工匠精神。

第二次工业革命后，美国福特汽车发明了流水线组装方式，迅速使福特汽车一跃成为汽车界的大王。应该说，福特汽车的组装流水线改变了以往的人工装配方式，在流水线工位上的任何一个员工，只需要经过几小时的培训，就可以完全胜任岗位职责，彻底抛弃了以往只有熟练工才能组装汽车的历史。看似一个小小的进步，却是农业社会与工业社会在生产中思想的分水岭。装配流水线的发明被广泛地应用到工业生产中，极大地提高了产品的产量，更是用统一的质量标准，使产品的质量有很大的提升，这远远不是手工业所能比拟的。

农业社会中的工匠，一般学徒期都要两三年甚至更长时间。而徒弟所继承或者说学到师傅多少技术，也要看徒弟的天分与勤奋，所以这是以经验式相传授的，没有统一的标准教程，也就导致了技术传承的巨大差异。而福特所发明的，恰恰是弥补了这个缺陷，更是大幅度提升了产品质量。从经验型、全能型向岗位型、单一型的生产操作标准转变，这是一个巨大的变化，也是大工业带来的魅力。那么，在新时代的工匠精神，就是六西格玛质量管理了吗？

显然不是，六西格玛质量管理体系只是一种生产质量管理的结果，是生产质量控制流程中的一个管控模式。六西格玛在 20 世纪末期经过摩托罗拉及通用电气的推动而风靡一时，象征意义远远大于应用意义。就如摩托罗拉公司在宣传中用六西格玛管理生产的摩托罗拉 338 翻盖手机，也是在市场中因为六西格玛的概念而大卖。但市场是一切产品的试金石，摩托罗拉 338 翻盖手机质量问题不断，特别是翻盖的排线，返修率和维修率极高，这种产品是行业的通病，不是一个六西格玛管理就可以解决的。

确切地讲，六西格玛管理提高的是产品的合格率。仅此而已，所以六西格玛管理只是管理生产质量的一个流程管理模式，而不是解决手段。六西格玛风行一时后终归于平淡，而在新时代的今天、明天，人们需要的新工匠精神是什么呢？

五、借力"2025 中国制造"精细式新工匠成长之路

2016 年，德国政府通过《高技术战略 2020》，该文件的重点是未来项目——"工业 4.0"，德国政府从 2010 年到 2013 年为高新技术战略大约投入 270 亿欧元。

2013 年，德国汉诺威工业展览会于 4 月 7 日至 11 日举行，全球 65 个国家和地区的 5000 多家公司参展，中国以近 600 家参展商的规模成为东道主德国以外的最大参展国。在为期 5 天的展会中，"工业 4.0"

概念备受关注，作为工业领域的全球盛会，汉诺威工业展览会推动了第四次工业革命，这是参展商和观众给予本届会展最高的评价。

作为德国"工业4.0"的对标，2015年5月19日，中国国务院正式印发了《中国制造2025》，这是党中央、国务院总揽国内外发展大势，站在增强我国综合实力、提高竞争力、保障国家安全的战略高度做出的重大部署。新一代信息技术与制造业深度结合，加上新能源、新材料、生物技术等方面的突破，正在引发深远的变革。

2011年，美国推行实施"美国先进制造业伙伴关系计划"。

2012年，美国实施"美国先进制造业国家战略计划"。

2013年，德国推出"工业4.0战略实施建议"。

2013年，法国制定"新工业法国战略"。

2014年，日本推出《日本制造业白皮书》。

2015年，中国推出"中国制造2025"。

在国际上，各经济大国、制造大国都不约而同地推出自己的"工业4.0"计划，这不仅仅是表态，可以说这是各国都在争夺第四次工业革命的产业标准。当人们回首工业革命的发展史，就可以清楚地看到工业革命的未来。

第一次工业革命以发明蒸汽机为标志，第二次工业革命以发明电机和内燃机为标志。可以这样说，第一次工业革命和第二次工业革命都是以个人、个体的发明推动了社会工业化、机械化。

第三次工业革命以核能、空间技术、计算机信息技术为标志，都是国家或者集体作为背景出现的。第四次工业革命以企业创新为主体，以国家竞争为体现，把第四次工业革命的进程演化成了工业革命标准的竞争。德国提出了"工业4.0"概念，美国推出"美国先进制造国家战略计划"，法国推出"新工业法国"，日本推出《日本制造白皮书》，中国推出"中国制造2025"。各个国家推行的都是以第四次工业革命为特征的本国标准，或者说是以第四次工业革命为背景，各国都在争夺第四次工业革命的国际标准。

第四次工业革命的最大核心，是以信息技术与制造业的深度融合为主导，这个深度融合的前提就是以信息技术的高度发达成熟为前提，成为整个制造业的"中枢神经系统"。只有让制造业有了中枢神经系统，才能够让制造业高度智能化、高度自动化，实现社会生产效率的大幅度提升，这是第四次工业革命的本质。各国都希望本国的标准成为国际标准，以争夺国际市场第四次工业革命的发展红利。

社会在不断发展中成熟，并迅速推动技术变革，从第一次工业革命到第四次工业革命，传统的农业社会的工匠精神，已经越来越局限于小行业。在工业社会、信息社会，人们需要新时代的工匠精神，那么，新工匠精神的启发点在哪里呢？

核心技术差距清单的震撼！

"去年，我们在钢铁产量严重过剩的情况下，仍然进口了一些特殊品类的高质量钢材，我们还不具备生产磨具钢的能力，包括圆珠笔上的圆珠，目前仍需要进口，这就需要结构调整。"如果不是李克强总理说出来，估计很多人都不信、不知道。2016年1月，李克强总理在太原调研时指出了我国这个钢铁生产大国的短板。

3000多家制笔企业，20余万名从业人员，年产量400多亿支笔，这是很有成绩的数字，中国是当之无愧的制造大国。但一连串亮眼数字的背后，却是核心技术和材料行业高度依赖进口、劣质假冒产品泛滥的尴尬局面。大量的圆珠笔笔尖的"圆珠"，却一直需要进口，一支日常

97

使用的圆珠笔"圆珠"都需要进口，那么，国内的核心技术和研发能力到底在多少个行业缺失呢？

纵观中国近些年的科技发展，不得不说发展速度十分迅速，让无数中国人为之自豪。在高兴之余，人们也应该清楚地看到，中国在一些关键领域，还有很大的不足，仍需要迎头赶上。俗话说得好，"基础不牢，地动山摇"，大批核心关键材料还需要依赖进口，我国在关键领域新材料自给率仅为14%。所以总结一份中国与国外的核心技术领域清单，这份核心技术"差距清单"以芯片等10项为主，具体如下。

（1）芯片

如通信芯片、计算机控制芯片、存储芯片等。

（2）半导体设备与半导体材料

如单晶炉、光刻机、反应离子蚀刻系统、合成半导体晶圆等。

（3）精密制造

如超高精密机床、工业机器人、顶尖精密仪器等。

（4）航空器

如航空发动机、航空航天等。

（5）仪表仪器

如高端测量仪器、通信测量仪器、科研设备等。

（6）信息安全

如操作系统、数据库、通用服务器、SDN软件定义网络等。

（7）医疗器材

如医疗仪器、CT、达·芬奇机器人、血液诊断设备等。

（8）生物医药

如创新药、生物技术肿瘤药、靶向治疗药物、心脏瓣膜等。

（9）汽车工业

如发动机、变速箱、整车等。

（10）新材料

如碳纤维、有机氟、高分子原料、有机硅等。

以上是 10 个领域的技术差距清单，这只是中国与国外技术差距的一部分，而且是用资金买不来的，短时间内国内技术攻关成果不会很大。关键领域核心技术的突破，才是真正的技术强国，更是国家"中国制造 2025"的重要支撑。就如前文所述，我国圆珠笔的"圆珠"都是进口的，因为我国生产不出加工制造"圆珠"的超高精密数控机床，就无法制造出"圆珠"。

以精密制造为例，国内还不具备生产磨具钢的能力，仅在这一点上，就让国内高精密机床的研发能力卡了脖子。没有超高精密机床，国内企业怎么去制造高精密产品？所以说，没有超高精密机床，就制造不出高精密的产品，这是一个正比，也是一个循环。"圆珠"只是一个例子，而这样的个例却又太多、太普遍。就如国内高端工业机器人、工程机械上大量使用的液压件、高端产品都是从德国、日本进口，国内的液压件，只能应用在低质、低价的产品上，这就是差距。

但如果认为仅仅是技术差距，或者说可以进口替代，那就完全错了。因为高精密设备，不仅仅意味着产品，更意味着市场、意味着垄断、意味着暴利。以工程机械行业的挖掘机为例，国内大型挖掘机还是以美、日等国的产品为主，虽然有徐工、三一重工、柳工、山东临工等企业在市场上占了部分份额，但可以看到日韩企业对中国市场赤裸裸的打压，为的就是打垮中国企业的创新。以卡特彼勒、小松、住友、日立、现代、斗山等为首的美、日、韩企业占有了国内挖机市场的大部分份额。高售价意味着高利润，而且各外企之间从不用价格战来提高市场份额，这更增加了它们稳定的暴利收益。

中国工程机械行业的徐工、三一重工、柳工、山东临工相继推出国产挖掘机，同样的型号，国产挖掘机只有外企2/3的价格。国产挖掘机在产品的可靠性上略有不足，但是出众的性价比和对国产的喜爱，给了国产挖掘机一个很好的追捧。再加上国家加大基础设施建设的东风，让中国挖掘机企业乘势而起。

外企挖掘机企业也不会坐以待毙，找准中国国产挖掘机在使用两年后维修增多的缺点，外企从欧洲、非洲等地大量进口本品牌的二手挖掘机，这批挖掘机的使用时长仅为2000～3000小时，而售价却与国产挖掘机相差无几。外企挖掘机的这一策略，相当于变相降价，半年内让国产挖掘机在市场的销售中苦不堪言，陆续丢掉刚刚开发的市场。国产挖掘机是以价格打开市场的，而外企则是用二手挖掘机来打压国产挖掘机，初战告捷。随后，中国工程机械行业发动反击，针对二手挖掘机质量参差不齐、有倾销问题等，上诉国家相关部委。同时，国产工程机械行业加大研发与采购全球化迅速提高国产挖掘机的质量，使国产挖掘机品质向外企产品品质看齐。

国产挖掘机加大营销维修渠道，使国产挖掘机没有售后之忧。在国产挖掘机行业的地毯式推广下，国产挖掘机又扳回一局。

大国工匠。

如果问农业社会的工匠精神，在新时代代表什么，通过相关的发展而明，通过事例而明，那就是大国工匠！如果说农业社会时期的工匠精神是给皇室、宫廷专用的能工巧匠，那么，在工业化、信息化社会的今天，结合"中国制造2025"的推行实施，中国需要的是大国工匠。大国工匠才是新时代、新时期的新工匠精神。

2015年五一开始，中央电视台新闻推出8集系列节目《大国工匠》。这个系列节目讲述了为长征火箭焊接发动机的国家高级技师高凤林等8位不同岗位的劳动者，叙述了他们用自己的双手和智慧，匠心筑梦的故事。这群不平凡劳动者的成功之路，是在默默坚守、孜孜以求的学习与总结中，在平凡的岗位上，追求职业技能的完美和极致，最终脱颖而出，跻身"国宝级"技工行列，成为一个领域不可或缺的人才。

管延安，以匠心追求艺术的极致，让海底隧道成了他实现梦想的平台。

高凤林，火箭发动机焊接第一人，他为国家奉献的精神，鼓舞人心。

周东红，30年来始终保持着成品率100%的纪录，他制造的纸，成为著名画家和国家画院的"御用画纸"。

胡双钱，创造了打磨过的零件100%合格的惊人纪录。在中国新一代大飞机C919的首架样机上，有很多是他亲手打磨出来的"前无古人"的全新零部件。

孟剑锋，百万次精雕细琢，雕刻出令人叹为观止的"丝巾"。

张冬伟，焊接质量100%保障，外观上完美无缺。

宁允展，CRH380A首席研磨师，是中国第一位从事高铁列车转向架"定位臂"研磨的工人，被同行称为"鼻祖"。

顾秋亮，全中国能够实现精密度达到"丝"的只有他一人。

通过中央电视台新闻推出的《大国工匠》让人们认识一个新的群体，小的方面可以从非物质文化遗产，大的方面到国家关键产业、国防关键技术，这就是新的工匠精神之一。新闻出镜的虽然只有8个人，但更多的人，都在默默地奉献，在各自的领域是拓荒者、是创领者、是领军人。

由大见小，中小企业的工匠精神更为可贵，工匠精神的深入企业经营，不仅仅是产品质量的提升，更是技术创新、产品创新和品质稳定。中小企业的工匠精神，可以一直延伸到产品研发、工艺创新、品质恒定、生产管理与材料的创新中，也可以延伸到企业管理模式中。工匠精神结合"中国制造2025"对于中小企业而言，又进入一个新的竞争时代，也是一个新的机遇时代。中小企业只有勇立时代潮流潮头，才能创造新的产业机遇，给企业带来新的发展。"中国制造2025"提出以来，中小企业的2025规划与工匠精神相结合，才是中小企业质量管理与创新的未来。

第四章　思想再解放

一、私有产权再加固

习近平总书记在民营企业家座谈会上指出："对一些民营企业历史上曾经有过的一些不规范行为，要以发展的眼光看问题，按照罪刑法定、疑罪从无的原则处理，让企业家卸下思想包袱，轻装前行。我多次强调要甄别纠正一批侵害企业产权的错案冤案，最近人民法院依法重审了几个典型案例，社会反映很好。"

最高人民法院明确：坚决防止将经济纠纷当作犯罪处理，坚决防止将民事责任变为刑事责任，让民营企业家专心创业、放心投资、安心经营，让财产更安全，让权力更有保障。要全面清理、完善司法政策和司法解释，凡是有悖于平等保护民营企业经济的条款，需及时废止或调整完善。

最高人民检察院在 2018 年 11 月 6 日组织学习，表态更为具体明确和细致，而且切中要害：对有关部门移送的刑事案件，涉及民营企业行贿人、民营企业家的，要依法审慎采取强制措施，充分考虑保护企业发展需要。要落实好刑事诉讼法修改后有关认罪从宽的规定，对符合改变羁押强制措施的及时改变，对符合从宽处理的案件依法坚决从宽。要始终坚持严格规范文明司法，对包括民营企业在内的涉经济犯罪案件，不涉封账号、财产一律不能封，不该采取强制措施的一律不采取。并要求集中办理、总结一批侵害民营企业经济发展的案件。不仅如此，11 月 15 日晚，最高检发布规范办理涉及民营企业案件的 11 个执法司法标准。其中一项标准就是"如何严格适用非法经营罪，防止刑事打击扩大化"。最高检强调，对民营企业的经营行为，法律和司法解释没有做出明确禁止性规定的，不得以非法经营罪追究刑事责任。

以上这些新闻，可能在一般人看来无足轻重，因为这几条新闻在每天大量的新闻中显得并不是重磅级的。但在企业界、民营企业家的视野里，却是一个重要的、特大的喜讯。民营经济贡献了国内经济总量的半壁江山，就业人口更是占到了全国劳动人口的80%。可以说，中国的发展，民营企业功不可没，更可以说是厥功至伟！截止到 2018 年，民营企业对全国的税收贡献超过 50%，国内生产总值占比超过 60%，技术创新和新产品占比超过 70%，城镇就业占比超过 80%，对新增就业贡献超过 90%，这就是民营经济的发展现状。

国内民营经济取得这么好的成绩来之不易，民营企业家付出了太大太多的代价，有的是牢狱之灾，有的更是妻离子散、家破人亡。对民营经济发展之初到现在，做一个回顾，或许大家就能明白民营经济的发展是多么的来之不易。改革开放之初，温州"八大王事件"是一个标志性的民营企业发展转折点。

20 世纪 70 年代末至 80 年代初，在改革开放东风的吹拂下，"八大王"以各自灵活的头脑和手艺特长，很快成为各自行业领域的带头人。他们创办各种不同形式的企业，在社会上广纳人才，发展个体经济，实现了柳市乃至全国第一批在市场经济尝试下先富起来的人。有的很快申请审批土地建设厂房，有的盖起了高楼大厦、高级别墅，令人向往。可是在 1982 年年初，以"投机倒把罪"抓了一批走在市场经济"风口浪尖"上的人。在个体经济发源地温州，"五金大王"胡金林、"矿灯大王"程步青、"螺丝大王"刘大源、"合同大王"李方平、"旧货大王"王迈仟、"目录大王"叶建平、"线圈大王"郑祥青及"电器大王"郑元忠等八人被列为重点打击对象，被称为"八大王事件"。时隔不久，"八大王"受到严重打击，有的被收审关押，有的"畏罪潜逃"，一度造成社会紊乱。

1983 年，中央 1 号文件《当前农村经济政策的若干问题》下达后，人们清楚地看到中央对农村联产承包责任制给予充分的肯定。也是这一文件的颁布，农村经济政策获得进一步放宽，"八大王"被羁押的人员中有的被无罪释放，有的被取保候审，那些潜逃在外的也大胆回家了。

回顾"八大王事件"的产生和发展，人们不会忘记"八大王"的造就人——石锦宽。他原是柳市镇一个居委会的负责人。他在中央 1 号文件与广大群众见面后，豪情满怀，为"八大王"平反而四处奔波。石锦宽三上北京、八上省城、百上地委，前后共写了 130 万字的申诉材料，并把这些原属通用电器厂的企业人员保释出来。后来，未下令批捕"八大王"和又为"八大王"平反的温州原市委书记、浙江高级人民法院院长袁芳烈同志，一次来温州特地安排了 3 小时与"八大王"中的郑元忠会面。他说："十几年前你是轰动全国的'八大王'之一，是我亲自为你平反的，你们给我上了改革最初最深刻的一课。"

如果说 1982 年的"八大王事件"是中国民营经济发展的一个节点，那么，安徽"傻子瓜子"的创始人年广久在邓小平南方谈话后，不仅起死回生，而且也代表了中央政策的不动摇。

年广久，安徽省怀远县找郢乡胡疃年庄人。从 9 岁起他就跟随父亲肩搭秤砣，叫卖街头。在父亲去世后，年广久继承父业，独撑门头。年广久做生意遵循其父"利轻业重，事在人为"的遗训。年广久的水果摊，允许顾客先尝后买，顾客满意的就称几斤，不满意的尝了不要钱。有时称水果够称了再拿一个给顾客，邻近摆摊的同行都说他"傻"。顾客说他规矩，回头客多，而同行则喊他"小傻子"。

在中共十一届三中全会即将召开之际，年广久的炒瓜子小作坊很快就发展到 100 多人的"大工厂"，红极一时。1983 年年底，有人把年广久雇工的问题反映到上面，于是年广久是资本家复辟、是剥削的说法开始传播起来。安徽省委派专人到芜湖调查年广久，并写了一个报告上报中央，惊动了邓小平。1984 年 10 月 22 日，邓小平指出："我们的意思是放两年看看……让'傻子瓜子'经营一段怕什么？伤害了社会主义了吗？"

1986 年春节前，"傻子瓜子"公司在全国搞起有奖销售，并将一辆上海牌轿车作为头等奖，3 个月实现利润 100 万元。但好景不长，中央下文停止了一切有奖活动。这让年广久的销售计划大乱，公司血本无归。

1987 年年底，芜湖市对年广久的经济问题立案侦查。1991 年 5 月，芜湖市中院判决年广久犯流氓罪，判处有期徒刑 3 年，缓刑 3 年。年广久没有想到的是，邓小平又一次保护了他："农村改革初期，安徽出了'傻子'问题，当时许多人不舒服，说他赚了 100 万元，主张动他。我说不能动，一动人们就说政策变了，得不偿失。"年广久得以起死回生。1992年，年广久因经济问题不成立而获释。

年广久是不幸的，改革开放初期生意越做越好，却在当时营商环境下屡被打击。年广久是幸运的，因为邓小平两次在高层提及而闻名全国，并成为改革的风向标。如果说年广久的幸运是一个典型，那么，物美创始人张文中则沉冤12年，终于在2018年5月正式得以昭雪。

最高人民法院开庭再审理物美创始人张文中一案，并当庭宣判：张文中此前被控的诈骗、单位行贿、挪用资金三罪，均不成立。自此，沉冤12年后，张文中正式得以昭雪。

最高法在宣告张文中无罪之后，在回答媒体的通稿中，将张文中的案子列为"人民法院落实党中央产权保护和企业家合法权益保护政策的一个标杆案件"。近年来一直强调要加强对民营企业产权和企业家合法权益的保护，对于张文中案再审改判无罪有什么标杆意义？最高人民法院办公室主任于厚森表示："2018年5月31日，最高人民法院依法判决张文中无罪，这是人民法院坚决纠正涉产权冤错案件、依法平等保护民营企业产权和企业家合法权益的典型案件。这个判决，让广大企业家看到了党和国家坚决推进全面依法治国、全面加强保护产权的决心，彰显了人民法院按照罪刑法定、疑罪从无等原则进行裁判的法治立场，对于稳定市场预期，鼓励企业家创新、创业具有深远的历史意义。"

如果将"八大王事件"到年广久事件，再到张文中冤案的平反，视为中国在改革进程中的不足，现在已经都全部改正，并不断加强民营企业产权与企业家合法权的保护。2019年12月23日《人民日报》头版头条刊登了一份重磅文件：中共中央、国务院印发的《关于营造更好发展环境支持民营企业改革发展的意见》（以下简称《意见》）。这份重磅文件，是民营企业渴盼已久的，也是全社会所期待的。

《意见》中指出，改革开放 40 多年来，民营企业在推动发展、促进创新、增加就业、改善民生和扩大开放等方面发挥了不可替代的作用。民营经济已经成为我国公有制为主体、多种所有制经济共同发展的重要组成部分。

对于民营企业的贡献，大家对那个"5、6、7、8、9"的总结耳熟能详：民营经济贡献了 50% 以上的税收、60% 以上的国内生产总值、70% 以上的技术创新成果、80% 以上的城镇劳动就业、90% 以上的企业数量。

改革开放以来，民营企业不断发展壮大，对经济社会的贡献也越来越大。但社会上就是存在一些声音，否认民营企业经济的贡献，甚至曲解中央的政策精神，质疑非公有制经济的地位和作用。

为提振民营企业的信心，各地各部门陆续出台了一系列政策，但部分政策仍然是应急式的多，以制度层面着眼的少，还有的政策仍然停留在纸面上。作为支持民营企业发展的纲领性文件，《意见》围绕营造市场化、法治化、国际化营商环境，推动民营企业改革创新、转型升级、健康发展，提出了一系列改革措施。

综合政策的不断完善，民营企业及民营企业家的营商环境越来越好。国内也不断在国进民退到国退民进的发展中来回交替，也需要确信政府在对民营企业的营商环境加大改革力度。民营经济也是我国社会主义经济的重要组成部分，民营经济的发展不仅需要优良的政策环境，更需要在宪法立法层面有新的改进。民营企业家不能作为体制改革的牺牲品，需要在制度方面有所保障。而能够保障民营企业家合法权益的宪法立法，成为制度层面的改革刻不容缓，也就是让私有产权再加固，才是国内民营企业发展的定心丸与春天。

二、加大知识产权保护

民营企业的技术创新和新产品占国内企业的 70%，这是一个很高的比例。比例越高，就说明民营企业在技术创新的投资越大，而民营企业也收获着高利润和专利的高收益。在国内市场，还有很多不完善的地方，特别是在知识产权方面，国家知识产权局任重道远。

创新需要相适应的环境，这个环境就是国家的专利法保护、产业化进程的政策支持和顺畅的投融资配套。一个国家的社会稳定、法治性强，才是创新最好的环境。国家和社会稳定，就不会有战争状态、紧急状态。如果处于战争状态，国家的资源将以军事优先，在这样的情况下，创新也是军事优先。民用技术则会相对滞后很多，创新与保护也就无从谈起。

有了国家和社会的稳定，专利保护法就显得尤为重要。从 1474 年威尼斯颁布第一部具有近代特征的专利法，并于 1476 年批准了第一件有记载的专利，成为世界上第一个建立有专利制度的国家开始，发明创新保护开启了人类历史上技术创新的快车道。

1624 年，英国制定《垄断法规》。

1790 年，美国制定实施专利法。

1820 年，西班牙制定实施专利法。

1826 年，日本制定实施专利法。

1877 年，德国制定实施专利法。

从这些国家相继实施专利法的进程来看，这些国家历经第一次工业革命和第二次工业革命后，成为世界上先进的经济强国，这也与同时期的国家稳定与立法密切相关。通过立法保护创新、带动技术进步，技术进步则推动生产力的不断提升，从而成为经济强国，环环相扣、步步推进，这就是专利立法最大的红利。专利保护法的立法，保护的是经济的健康成长，是保护创新的原动力。

专利法，是创新的加速器，更是经济的发动机，亦是国家之间竞争的手段。通过专利法在各个国家实施的时间，也可以看到第一次世界大战和第二次世界大战背后，是以技术创新成果的汇聚、资源的争夺，再到人才的争夺。专利法的立法、执法，制止了恶意的侵权、恶意的复制，严厉打击了知识产权小偷行为和强盗理论。使创新者有其收益，在巨大的权益和受益面前，越来越多的人走进了创新的大潮，赶受益的海。

早在 1944 年，国民政府就公布过专利法，这是中国历史上第一部专利法，但这个时间段公布实施，对中国的影响微乎其微。中华人民共和国成立后，随着改革开放的大发展，知识产权制度急需与国际接轨，更是出于保护中国发明创新的目的，中国第一部专利法于 1985 年 4 月 1 日正式实施。

1992 年 9 月 4 日，第七届全国人民代表大会常务委员会第二十七次会议《关于修改〈中华人民共和国专利法〉的决定》第一次修正通过颁布并实施，这是《中华人民共和国专利法》依据社会、经济发展需要，第一次进行修正。

2000 年 8 月 25 日，第九届全国人民代表大会常务委员会第十七次会议通过了《关于修改〈中华人民共和国专利法〉的决定》，宣布修改后的《中华人民共和国专利法》自 2001 年 7 月 1 日起施行。

2008 年，《全国人民代表大会常务委员会关于修改〈中华人民共和国专利法〉的决定》已由中华人民共和国第十一届全国人大常委会第六次会议通过，修改后的专利法自 2009 年 10 月 1 日起施行。

2018 年 12 月，国务院常务会议审议通过了专利法修正草案，全国人大进行了第一次审议。2020 年 10 月 17 日，第十三届全国人民代表大会常务委员会第二十二次会议通过了《关于修改〈中华人民共和国专利法〉的决定》。修改后的专利法自 2021 年 6 月 1 日起施行。在此次专利法修改中，健全了侵权惩罚赔偿制度，大幅度提高了侵权违法成本。

中国专利法经历了从无到有、从有到不断优化的一个发展健全的历程。中国的改革开放、经济搞活，必须有法可依，特别是知识产权立法更具有紧迫性。经过几年的准备，中国第一部专利法于 1985 年 4 月 1 日起正式实施。专利法实施第一天，国家专利局共接收到 3455 件专利申请，由此拉开了我国专利申请的新篇章。截止到 2018 年年底，我国发明专利的申请量为 154.2 万件，共计授权发明专利 43.2 万件，其中国内发明专利授权 34.6 万件。

2018 年，国内发明专利授权量排名前三的企业是：

华为技术有限公司 3369 件；

中国石油化工股份有限公司 2849 件；

广东欧珀移动通信有限公司 2344 件。

这三家公司成为企业界发明专利授权数量的前三强企业。其中，2018 年度共受理 PCT 国际专利申请 5.5 万件，同比增长 9.0%。在申请 PCT 国际专利的企业中，华为技术有限公司以 4466 件 PCT 国际专利申请量高居全球第一位。中兴通信以 1801 件 PCT 国际专利申请位居全球第五位。

中国专利法实施 35 年来，正是中国经济飞速发展的阶段，也是中国经济由弱到强、逐次结构调整的见证。近年来中国发明专利申请与授权量持续增长，特别是 PCT 国际专利的申请量大幅度提高，到 2018 年年底，华为技术有限公司高居企业申请人第一名。这不仅是华为技术有限公司的荣誉，更是中国专利法的荣誉。中国专利法的实施，为企业、个人的技术创新加大了权益保护，促进了科技成果的转换，更加快了创新的速度和创新的质量。

在国家稳定、经济发展利好的情况下，技术创新尤为重要，在大环境下，中国的发明创造底蕴和潜力正越来越快地体现出来。随着全球一体化的紧密合作，中国技术的专利化、专利的标准化趋势也越来越明显。把专利写入企业标准、团体标准、国家标准乃至国际标准之中，对发明而言，这不仅是最高的荣誉，更是得到庞大的市场红利。特别是面对国际市场的庞大需求，国际标准的制定就成了国际领先企业之间的激烈竞争，国际标准的争夺是专利技术、专利和市场规则的具体体现。

知识产权已经成为未来经济的根基，知识产权的保护也与时俱进，希望专利法的第四次修订，特别是对侵权的惩罚赔偿标准提高，更要在实施后执法的过程中执行得好。专利法的再次修订，也是为中国经济注入新的创新活力，更是对民营企业一个新的政策与技术创新的红利。民营企业是中国经济创新的主体，专利法则是对经济创新主体最好的保护。

三、思想再解放

广东，得风气之先、领发展之先。经历了 30 多年高速增长，走到了发展的新的转折点。

"只有把思想从不适应、不利于科学发展的认识中解放出来，以新一轮思想大解放推动新一轮大发展，广东才能争当实践科学发展观的排头兵。"2007 年 12 月 25 日，在广东省委十届二次全会第一次会议上，上任不到一个月的中共中央政治局委员、广东省委书记汪洋如是说。

这次会议以后，一场思想解放大讨论在南粤展开。广东经济总量大，但发展方式仍然粗放，可持续发展的压力大；产业规模大，但自主创新能力弱，仍处于国际产业链的低端；经济发展较快，但社会事业和社会管理相对滞后，民生问题仍然突出；城乡经济和居民收入都有了长足进步，但发展不够协调，区域差距大。特别是少量地方官员一味追求GDP 并乐此不疲，而长期粗放发展所积累的深层矛盾并未解决。

"如果这些问题不解决，继续一成不变地按过去的发展模式'加快发展'，其结果不仅欲速不达，甚至会毁掉今天的发展成果，危及子孙后代发展的条件。"汪洋一针见血地说。

广东的发展一直是全国的风向标，更是全国的先进标兵，广东再提解放思想意义重大影响深远。广东经济作为全国经济的龙头，牵一发而动全身，更是在汪洋到任后又踏上新的征程，开启了广东经济发展的新篇章。

对于民营企业而言，特别是中小企业而言，更是一个新的思想风暴狂飙而来。民营企业家很大一部分存在小富即安的思想和情结，特别是指一部分先富起来的人或企业，刚刚取得一些成绩就轻易满足，不思进取。社会在不断向前发展，时代也在发展，昔日的小富则不再富。从发展和进步的角度看小富即安，是一部分缺少长远眼光不求发展的小农意识的根源。思想再解放，无疑是让民营企业有了新的认识、新的视野。用新的思想高度去看待事物，从而时刻感受到逆水行舟、时不我待的危机感，并激发民营企业家表现出一种可贵的拼搏和进取精神。

思想再解放，打破的是企业家思想上的故步自封，让企业家从小富即安的蚕茧中走出来，化茧为蝶，完成自我的新蜕变。让企业家思想境界提高、升华，才是解放思想的目的。更重要的是，通过思想解放，企业家能有新的精神担当、新经营思想的国际视野，成为经济发展的急先锋。

在经济主体中，企业家才是经济发展主要的贡献者。中国的改革开放是由从下到上和从上到下两方面组合而成的，这是中国经济的特色，也就是形成今天国民经济两分天下的格局，是从下到上变革与从上到下改革的真实写照。在中国改革开放的政策下，各地民营企业家破茧而出，一如温州"八大王"、年广久、刘永好、任正非、鲁冠球、曹德旺等，都成为那个时代的创领者。而到了21世纪的新时代，民营企业家更是灿如繁星，优秀的企业家逐步向强者恒强方向发展。如任正非、王健林、刘强东等。但人们更应该关注中小企业的企业家，因为只有中小企业的企业家，才是经济基础的基石。中小企业的企业家，就如人体的一个个细胞，必不可少。

中小企业的企业家，才是产业升级、民生福祉的真正推动者。中小企业解决了国内最大比例的就业，也就是说，中小企业才是中国工人最大的雇主。中小企业家作为中国工人最大的雇主，才是最荣耀的事情，也是最有压力的挑战。

企业家不仅要为自己的企业发展谋划，更要为员工福利做最大的牺牲。可以这样说，企业家在经济环境好、企业发展顺利时，谋求的是企业的技术创新、产业升级。而当经济发展放缓、产业周期性波动时，企业家谋求的是少裁员、保骨干、保持企业的相对稳定。少裁员或者不裁员，这个情况看似平淡，不露声色，却是最消耗企业生命力的。因为不裁员、少裁员，带来的是劳资费用的持续支出，成为企业最大的负担。在企业业绩下滑、利润下滑，而劳动资本都不变的情况下，就意味着企业加速走向亏损，甚至是连续亏损，倒闭更是屡见不鲜。

2008 年美国金融危机爆发，导致 2009 年中国部分中小企业的出口陷入困境。国际贸易订单减少，加剧了出口型中小企业之间的竞争。它们拥有庞大的产能，这个产能的基础就是拥有大量的员工，而员工多，就必须有大量的订单才能养得起。再加上各企业的财务费用大，这两个原因导致出口型中小企业之间为了抢到订单，各企业之间甚至出现了微利订单，更可怕的是出现了负利润订单。这种自杀式的抢订单行为，也是不得已而为之，得了便宜的只是中间贸易商和进口国的消费者。

微利订单，这是国内劳动密集型、科技含量低的企业的一种通病。中小企业靠的是单品微利、大批量生产、加快资金周转率来盈利，这也是国内大部分中小企业的现实写照。而随着出口形势的更加严峻，零利润订单出现，随后负利润订单也出现了。这是企业在万般无奈之际，做的生存之举，或许外行人不理解负利订单，但作为企业的老板，中小企业家太明白负利润订单的意义了。

每个公司都有经营成本，中小企业也不例外，不管是银行贷款的利息，还是厂房维修、土地税费，更重要的还有员工的工资支付等。这些费用中的任何一项，企业家们都不敢任意停止支付，而每个月的支付，又是一次带血的透支。停止支付任意一项，都会导致公司停摆，继而进入破产。在这种情况下，唯一能做的，就是抢订单，即使有亏损，也能让企业继续生存下去。如果亏损订单不接，而公司的费用至少前几个月会按正常支出而不会减少。也就是说，在没有亏损订单情况下，前几个月的亏损反而是加大的。中小企业进退两难。

民营企业家们用悲壮的亏损订单来赌未来几年行业、产业新红利的到来。每个企业家都没有前后眼，但公司创立以来到持续亏损，心疼钱白白流失，虽有不甘却也要再坚持一下。这时，中小企业的企业家们不是用悲壮去形容心情了，而是要用背水一战的决绝心态，去面对经济大势和同行们的争夺订单大战。

四、熬得住出众

熬得住出众，这句话已经成为最近几年的一个热点，的确有些悲观又励志的意思。但实际上，熬得住出众才是最大的心灵鸡汤，仅仅是鸡汤而已，娱人愚己。记得张笑恒写的《熬得住出彩、熬不住出局》一书，其内容介绍是："天赋只能决定你的起点，坚持才能决定你的终点。"熬得住就出众，熬不住就出局，曾经熬过的万水千山，都会成为你的故事和阅历。并且说，所有的伟大都是熬出来的；人生的每一个成长和长进，都蕴含你曾经忍受过的痛苦、受过的寂寞、洒过的汗水、流过的泪。当你一路披荆斩棘获得幸福，你就会特别感激和庆幸，庆幸曾经自己那么坚持。而那些挺过来的难关，终将成为一种最有力的印证，印证你不曾平凡，有过努力的人生。

或许，作为个人的励志版，是可以的。但是对于企业家而言，却毫无意义，或者说意义不大。如果用另一句话来释义，或许对一部分企业家而言，则是金玉良言：如果你的方向错了，停下就是前进。

熬，本意为熬粥、熬药，忍受的意思，现在多讲熬夜、熬炼、煎熬。而作为熬得住出彩、出众而言，在时下多了许多的含义。对于企业、企业家而言，政策因势而变、产业因革而变，特别是国际化、全球化的今天、明天，今天的经验，对于明天已不适用。所谓的熬，在市场中的煎熬，在竞争中的苦熬，对于市场经济中的企业而言，渐渐失去了坚守的意义。对于民营企业、中小企业而言，要的是煎熬中的机遇，也就能熬出一个未来。

熬中生机。应该正确地看待中国的产业升级，更应该正确地把握发展的趋势，才能让公司持续发展。记得有一句话讲，唯一的不变，就是时刻在变。一如 2008 年美国金融危机之后，国内对美国的出口下降，特别是民营生产型企业。具体体现在以下三方面。

第一方面是国内人口红利的消失。中国自改革开放以来，特别是在代工生产、原材料出口的品类方面，中国的民营企业是以劳动密集型的方式来发展的。中国发展得快，人口红利也消失得快，这是不争的事实，那就是国内工人的薪资待遇逐年上涨。截至 2008 年美国金融危机爆发前，很多国际订单已经从中国转向劳资成本更低的东南亚国家。随着金融危机的爆发，只是加快了国际订单生产区域的转移速度而已。从这一方面来讲，单一的生产加工型企业，无论怎么坚持、怎么熬，都不会迎来新的希望，而是越来越痛的煎熬。

第二方面是技术创新的速度加快。国内部分企业从劳动密集型向技术密集型转变，但由于前期积累少、创新点不多、勉强优于劳动密集型企业。技术密集型企业占国内企业总数的比率很低，却创造出更加亮眼的业绩，也赢得众多的荣誉。如华为公司，2019年年收入达1220亿美元，已经成为国内民营企业技术密集型的标杆企业，不仅在国内市场独占鳌头，更在国际市场上数一数二。华为的技术研发投入也是国内数一数二的，研发才是华为高速发展的根本。或许，国内众多民营企业的未来是华为，可现实离大部分民营企业太远。如果说生产型企业的未来，或许富士康会是一个最好的启迪。

富士康也是国际上数一数二的代工王国，富士康将生产代工、设计代工、研发代工相结合，成为一个高科技的代工集团。回看国内的代工企业，就因为小富即安和故步自封，在赚取生产利润后，并没有进行技术研发的投入，反而进入温水煮青蛙的自我陶醉阶段。当市场、国际化等发生变化后，醒来已经变了天。还是用以前的心态、思想来经营企业，单纯地熬，是没有未来和出路的。

第三方面是产业变革。如果说工业革命已经从第一次工业革命发展到第四次工业革命，那么，国内的中小企业家就需要抬头看路。从德国首倡"工业4.0"以来，各个国家，特别是经济强国都相继推出各自国家的第四次工业革命的标准政策，中国也水到渠成推出"中国制造2025"。"中国制造2025"的实施，不仅表明中国对第四次工业革命标准的推动，更是国内企业转型升级的机遇。

国际的发展趋势，国内政策的助力，企业家们需要的是看清楚政策的导向性，结合自己企业所处的行业、产业，完成企业的升级转型。或许很多人会说，如果企业家有这个能力，就不会落得今天的煎熬了。是的，任何一个国家的企业家之间，思想与能力相差巨大。就如邓小平说的，先让一部分人富起来一样，民营企业也是一样。需要一部分人，着眼于国际发展的趋势，吃透国家的产业政策，做强、做大自己的企业，为产业、行业乃至国家做出一个表率和贡献。

熬中变革。企业家们在煎熬的过程中，所处的市场环境不断发生变化，社会也在不断发生变化，唯一不变的就是时刻在变。企业家的思想一要变，从故步自封到寻求企业外脑，以求客观地认清形势。中国企业家故步自封的案例比比皆是，从一时领先到三五年落后，再到淘汰，也不过十余年而已。一如中国最早的春都火腿肠，这是中国第一家从日本引入国内的火腿肠企业，曾是风行一时的王者。自双汇出现后，在与双汇火腿肠的大战中，春都一味地降低火腿肠的品质，曾被人们说是"淀粉棍"而一败涂地，在市场中消失。

这是一个典型的故步自封的例子，在竞争中学习竞争，在经营中学习经营，才是企业不断发展的能力基础。春都火腿肠作为中国火腿肠的开创者，到市场的统治者，这时的春都是一招鲜，吃遍天。在与双汇火腿肠的市场竞争中，一味地跟着双汇的价格下调，却没有意识到，双汇火腿肠的主打产品、拳头产品的价格很少有变化，品质保持不变。而与春都火腿肠抢市场的低价产品也属于低档的战术产品，双汇用低档低价产品与春都抢市场。春都火腿肠的做法却简单粗暴，那就是主打产品不断地跟随双汇降低价格，在主打产品利润大幅度下滑时，只好降低产品的品质。春都在价格降低——品质降低——价格再降低——品质再降低的死循环中不断没落。最终，春都火腿肠成了一根"淀粉棍"，也就作死了自己。

以此来看，中国的企业家尤其要看清市场竞争中的变化，更不可高高在上，仅凭自己的直觉做决策。在这一点上，华为公司的做法尤为可取，华为前几年开始推行这么一句话：让听见炮火的人呼叫炮火！虽然是短短的一句话，却让企业界产生了广泛的共鸣与哀叹。因为，这就是企业与企业、企业家与企业家之间的巨大差异。让听见炮火的人呼叫炮火，话虽简单，道理却相当深刻。企业家在功成名就之后，对企业的关注、对市场的关注越来越少，以听下属汇报为主，而把精力放在人际关系、社会事务上去了。企业家对市场的变化越来越少察觉，脱离市场一线的实际情况，偶尔凭自己以前的经验对市场一线乱指挥，反而成为公司最大的害群之马。

痛定思痛，让听见炮火的人呼叫炮火，其实是打掉管理层级中的大多数中层，让管理更加高效，特别是决策管理的高效。以此来提高市场一线的反应速度，跟上市场的变化，提升公司对市场的掌控能力。但在执行的过程中，困难却越来越多，这就要从管理的层面和模式说起。对于企业家的自我管控，企业家往往认为企业是自己的，自己想怎么样就怎么样，想怎么管就怎么管，企业家本身的恋权和优越感才是企业最大的问题。现代企业管理推行了几十年，但真正执行得好，所有权与经营管理权分离的却不多。

制度管事，岗位管人。企业家要从经验式管理向现代企业管理制度化进行转变。经验式管理，也就是人管人。人管人的成本高、效率低，在企业创建初期可以，在企业发展期以后，经验式管理的弊端越来越明显。企业在管理上逐步从经验式管理向制度化管理转变，但这个转变，是因为企业越来越大，经验式管理越来越力不从心，而被动向制度化管理转变。一部分企业看到管理的效率，主动向制度化管理转变，虽然都是向制度化管理迈进，但结果却是截然不同。

两个心态，两种结果。被动型管理转变的企业，企业家本身的心态就没有摆正位置，一是自己恋权，导致越管越乱的现象；二是管人先管自己的茫然。这类企业的管理升级在家族式的、裙带关系多的企业中比较普遍。被动型管理转变升级要上新的台阶，要有自断其臂的魄力，却也因为变革中，先要革掉的却是自己的命。企业管理升级的阻力大，制度化管理一段时间，企业的效率反而不如经验式管理。所以，大多数企业在管理升级转变是在自我的纠结中进行的，越进行管理变革越纠结，这不仅仅是阵痛，而是变革中持续的痛，直到公司停止，甚至公司因管理混乱而倒闭。

主动型管理变革的企业，企业家看到管理出效率，管理出利润，所以企业家为了长远发展，率领企业进入管理变革。变革就有阵痛，在阵痛中崛起，这就是智者与庸者的对比。智者会对变革中出现的各种情况有充足的预案，而庸者则会随波逐流，并在业绩大幅下滑时，会自行终止变革。笔者在《创新引领未来》一书中，就谈过这个问题。实达电脑曾在国内大名鼎鼎，更因为与国际知名咨询公司麦肯锡合作而签订的天价合同而轰动全国。很遗憾，实达电脑在推行变革的过程中，因为业绩大幅度下滑而主动停止了管理变革。整个公司的管理也一夜回到解放前，历时半年，合同金额 2000 万元的合作，就此完败。

华为的管理变革和实达电脑相比，则是在管理变革的阵痛中，凤凰涅槃，迎来了脱胎换骨般的新生。任正非看到华为公司与国际化公司的差距，主动进行管理变革。任正非拜访 IBM，并与郭士纳等一众高管讨教管理之道，由此开启了华为公司为期 10 年的管理变革之路。华为公司的管理变革更是阵痛不断，IBM 专家团队入驻华为，对华为的管理流程、研发流程、财务流程按国际一流标准进行流程再造。在华为内部会议上，任正非面对部分高管对管理变革的抵触时说，华为进行的管理变革，华为人要适应，华为要做到先引进、再固化、后优化的原则。要求华为管理变革要做到削足适履。从这个方面来讲，任正非对中外管理的优缺点看得很透，而且及时地对公司管理层的抵触思想进行批评，并说出不换思想就换人的狠话。在任正非的推动下，华为历时 10 年，在IBM 的帮助下，完成了整体水平的蜕变。10 年时间，让华为的管理水平一跃成为国际化的大公司水准，同时华为也完成了经营的全球化。

熬得住出彩，熬不住出局。对于中小企业而言，要想熬得住，首先要做到抬头看路、脚踏实地地去倾听听见炮火的人讲什么。其次要在变革的阵痛中，有无限大的忍受度。作为一名企业家，必须带领企业在变革中去承受，只有经过凤凰涅槃的浴火重生，才能迎接新的发展，登上一个新的发展空间。

企业家的思想再解放，仅仅让企业家认识到自身的不足远远不够。让企业家从故步自封的状态下走出来，不仅仅是让企业家看到新的机遇，更重要的是让企业家进行终身学习。也只有终身学习，才能使企业家的精神与思想在不断交替中升华，从而为企业家在经营中不断创造新的成就。

第五章　终身学习

一、老产业、新思维

传统产业不行了吗？随着国际、国内互联网的发明、普及与应用，亚马逊、阿里巴巴、京东商城的兴起，忽如一夜春风来，千树万树梨花开。国内电子商务的兴起，特别是电商的迅猛发展与即时通信工具的协同应用，网上购物从试水走向国际、国内风行。国内的商业形态也发生了巨大的转变，这个转变的速度越来越快，直到一个线上线下的平衡点才能基本稳住。也就是说，以电商为代表的线上市场，不断冲击、挤占以商厦、商场、门店为代表的线下市场，并且在社会零售总额的比例中越来越高。因此引起诸多的疑问，特别是涉及传统制造业的都在问，传统行业还行不行？老产业该淘汰了吧？

科技的日新月异，推动着社会的发展与变革。科技创新的速度，等同于社会发展的速度，也决定了商业的形态与变革的基础。传统产业与商业，可以说源自农业社会，而且是一对与生俱来的搭档，经过几千年的不断发展与演化，并在新的世纪仍占有很大的社会空间，只不过在升级转变而已。进入工业社会后，标准化与管理不断革新，大型制造业与大型商业不断推陈出新，在惠民的同时，更是推动了社会的发展。或许是传统制造业逐步习惯了工业社会的商业规则、规律，更多的是对自己的思想故步自封，忘了社会及形态是一直在演进与发展的。

信息化是以互联网为核心的科技创新，特别是互联网自推出以来，逐步从办公向社会职能重大转变、大普及，同时也推动了社会的商业变革。互联网的诞生，是基于文件传输、办公为主要应用的。随着美国硅谷科技公司的不断完善，软件的逐步应用，互联网逐步具备商业功能。互联网的商业化前景被易趣、亚马逊等公司发展并加以应用，从此互联网逐步从办公到商业平台不断完善与成长。在经济全球化与国际化的同时，互联网可以说是信息经济的处理器与连接器，更是国际化与全球化的重要推动之一。互联网的加快发展，迅速推动社会的发展，国际与国内的网民人数迅速上升，上网也成为工作和休闲的主要形式。中国有句俗语：有人的地方就有江湖。如果把这句话用在互联网上，那就是有互联网的地方就有人，有人的地方就有商机。于是一场影响社会和传统产业思维的社会商业大变革在悄无声息中完成了大发展，从而成为社会发展的重要转折点。

阿里巴巴在中国应时而生，经过几年磕磕绊绊的初创期，在中国网民数量几何级般的增长下，阿里巴巴终于迎来了发展的春天。阿里巴巴成长为中国互联网商业巨头，与两方面密切相关并持续不变。

一个是由中国网民组成线上的购物者，也就是这部分网民，促进了中国商业的大变革。网上的购物者是以青中年人为主，在网上购物通常对价格最为敏感。在网上对比物品品质大部分相同的情况下，价格成了网上购物的关注点和购买原则。网民在网上，足不出户就可以完成几个、几十个甚至几百个同一商品的价格对比与商品参数对比，这是传统商业远远不能与其相提并论的。这是社会发展的趋势，在科技创新的前提下，可以让消费者足不出户，任意选购所喜欢的商品的，只有互联网，只有互联网的购物平台。

另一个是由众多商家、厂家组成的线上商品的运营商。或许你认为现在阿里巴巴上的商家或厂家足够多了，但实际上，阿里巴巴的商家或者厂家的数量，占中国企业数量的1%都不到。最早在阿里巴巴开店的商家和厂家，应该说他们的确是能够接受新意识、新事物、新思想的一批人，而这批人也是最早触网的，也是最早从工业社会思维跳到信息社会思维的人。一招鲜，吃遍天，也就是这批人，从事的是传统产业，但他们在信息时代来临时，思想便搭上第一班车，让他们的企业率先触网，让企业的营销从线下向线上转移，并取得丰厚的市场利润。为什么这样说呢？大家都知道工业时代的营销注重的是销售网络和渠道建设，而这些都需要企业用大量的人力、物力、财力才能完成，而且在国内市场的布局尚不能完善。信息时代的来临，网络购物平台就完美地解决了这些问题，花最少的钱，做最大的销售额。用最少的投入，面对国内互联网海量的潜在客户，这就是信息时代的互联网思维。

没有永远的赢家，也没有永远的输家。国内传统企业第一批触网者迅速发展壮大，成为行业、产业的大企业、领先者。他们最早解放思想，从墨守成规中跳出来，接受新的事物，并迅速把握新的机遇，从而完成了事业上的二次创业，也让企业的营销从线下转到线上，由传统渠道转向了网络渠道。如果说传统产业不行了，其实是部分传统企业的企业家思想不行了，因为同样的产业、同一个行业，为何行业的前十名都做得很好？这里也有一个事实上的演变，那就是国内传统产业的企业众多，特别是中小企业多，大企业少。在经济发展的同时，随着市场竞争的加剧，市场份额迅速向行业前十名聚集。这是正常的市场现象，就如家电行业一样，2015 年以前，家电行业企业众多，特别是 2000 年后，国内数百家家电企业在市场上竞争，而到了 2015 年，市场上数得着的家电企业，人们熟知的可能也就十来个。这不仅仅是市场竞争的结果，更多的是由经济发展与社会发展、科技发展共同促成的。一如现在的家电市场，说起家电企业，肯定最先想到的是美的、海尔、格力这 3 家。如果再说，可能就是 2019 年格力举报的奥克斯了，这 4 家家电企业占据了网民、网络、新闻点和信息源的绝大部分。同时让国内其他家电企业更加默默无闻，这就是互联网世界的魅力与现实。

新思想才能解决传统产业的新生问题，没有一成不变的产品，更没有一成不变的经营。传统产业想发展，首先要转变经济观念，其次是技术创新。企业家要明势，就是要看清楚社会发展的趋势，产业与行业发展的趋势，才能做好企业的经营。社会发展的趋势，是要看明潜在客户的消费习惯，以便结合客户的网络大数据分析，使企业做出针对性的市场反应。产业发展趋势则是政策因素居多，只有熟悉产业政策，企业家才可以决定公司是扩大规模还是向谨慎财务过渡，这是企业发展的根源之一。行业发展趋势明显是竞争环境的变化，从技术、营销、品牌、渠道和人力资源等，这是一个正常的流程，但这个流程的细节里，依然藏着巨大的潜力。而企业的发展、产业的发展乃至社会的发展，又需要大量优秀的企业来推动。如企业家，特别是传统产业的企业家，如果你错过了互联网时代的阿里巴巴，那么一定不要错过移动互联网时代的京东。

电脑网民成就了阿里巴巴和第一代网商及企业。随着 4G、5G 的发展，智能手机已经成为人们生活中最优的生活、工作伙伴，也导致了购物及消费的变化。京东商城的出现是历史发展的必然，也是消费升级的体现之一。阿里巴巴的淘宝商城的确物美价廉，同时也是众多商家聚集的平台，也深刻地反映了企业逐利的一面，那就是假冒伪劣产品的比例太大，从而影响了淘宝的声誉。京东商城则抓住这个弱点，使京东自营成为众多名牌企业的线上平台，同时声明京东商城无假货，迅速让京东发展壮大。京东商城的发展，一是得益于移动互联网的迅速发展，使得购物随时、随地都可以进行。二是京东的经营定位，是自营、是企业店、是品牌店，使得京东商品几乎以名牌、品牌为主，提高了京东的形象。三是京东自建物流，保证了商品的快速交付。

京东商城让一部分传统产业中的品牌企业迎来了一个大机会，传统产业中的企业，如果错过了互联网时代的阿里巴巴，那么，一定不要错过移动互联网时代的京东。传统产业在信息时代，需要新思想、新思维来推行新经营，以此推动企业适应社会发展与科技进步带来的新机遇。传统产业和其他产业一样，也是在经历着强者恒强、市场不断向强势品牌集中的过程。也可以说，传统产业不会消失。京东给了传统产业第二次机会，也使得传统产业迎来一个新发展。

对于传统产业而言，京东是第二次开始，绝不是结束。科技的发展，是推动社会发展的主要力量，也是提高社会的生产力。对于传统产业而言，第三次机遇的出现，则是以微信支付功能为基础的商业应用生态，又给传统产业的企业一个新的平台。

微信的应用推广，是移动互联网中较为成功的 APP。截至 2019 年，微信用户突破 10 亿人。这是一个了不起的商业成就，更是一个天量数字的综合网络平台。微信的功能起始并不多，但微信用户已经从 QQ 即时通信功能的陌生化走向了微信即时通信功能的亲朋化。微信真正的大发展，那就是微信具备了金融业的支付功能，并在支付功能的基础上包揽了所需的所有便利 APP。

金融类：信用卡还款、微粒贷借钱、理财通、保险服务。

生活服务类：手机充值、生活缴费、Q 币充值、城市服务、腾讯公益、医疗健康、防疫健康码。

交通出行：火车机票、滴滴出行、酒店。

购物消费：京东购物、美团外卖、电影演出赛事、美团团购、拼多多、蘑菇街女装、唯品会、转转二手、贝壳找房。

既有大量的传统产业包括在内，也有新的商业形态运营，可以说，微信自开通支付功能以来，又给传统产业打开了第三次发展的机遇。

微信支付通过整合线下商家线上化，特别是整合包括服务行业在内的第三产业便利化，使微信用户足不出户，就可以完成生活中的烦琐事务，提高了生活与工作的效率，这是一个大的创新，更是一个平台的资源深度整合。同样的道理，作为第三产业的服务业与传统产业，是微信支付生态系统最大的受益者。那么，这一批与微信支付生态合作的服务行业、传统产业商家，也仅仅占了本行业很少的一部分。这与服务行业企业整体水平偏低、规模偏小有直接关系，而传统产业则在这次的跟进中变得中规中矩。

传统产业不行了吗？回看互联网时代阿里巴巴第一批传统产业的先行者，到移动互联网京东第二代传统产业的跟随者，到微信支付应用生态第三批传统产业的积极响应者，他们无一例外，基本都取得了成功。科技应用在不断创新，并转化成产品不断推动社会的发展，衣食住行及其他传统产业虽然也有变化，但总体而言，市场的需求是稳中有增。在市场的竞争中与产业发展的整合中，传统产业内的企业，要转换思想观念，用新的、信息社会的思想来影响传统产业的企业经营，这才是传统产业企业唯一的出路。

顺势而为，做好传统产业。

"传统产业+"将是传统产业现在和未来的主流。从前几年开始，国内媒体及各个行业，都在各唱各的戏，但主题基本一样，那就是基于"互联网+"概念应用到实际场景。如"智慧农业+""智慧交通+"等众多的行业应用和各大网络公司的"互联网+"一时风行，成为很多公司宣传与圈钱的利器。跨行业借鉴，往往产生意想不到的效果，"互联网+"是如此，"传统产业+"也会如此。

"传统产业+"，是基于互联网的基础上，可以不断地整合新的业态、新的模式。传统产业又细分为若干个行业，各个行业的+，就是一个新的开始。如农业产业是个大产业，中粮集团在大产业上，不断进行+的复制与整合，最终让中粮成为农业产业链+品牌+资本+模式，成为国内、国际农业产业链的巨头之一。用新思维、新模式，结合科技创新，使传统产业完成经营上的升级转型，使传统产业在信息时代拥有更强的竞争力。在这里以中粮集团的产业链举一个例子，给传统产业内的企业一个启示。

2004 年，宁高宁入主中粮集团，展开一系列的品牌整合与并购，全产业链初见端倪，同时高调推出"全产业链粮油食品企业"战略。随之展开一系列的宣传推广，把打造全产业链模式作为企业长期发展的主要目标。当然，全产业链不是新的事物，是国际化的外企所擅长的，主要是携资金、技术、管理的特长，来达到公司掌控市场的话语权、定价权和销售主导权的目的。如国际知名大粮商 AMD、嘉吉、邦吉、路易·达孚等企业，通过对全产业链的种植、加工、物流、贸易、销售的掌控，转化为大型企业核心竞争力的重要组成部分。

全产业链均衡发展是业务整合的初衷，中粮集团将众多业务板块归纳为贸易，粮食加工、品牌类食品业务、酒店业务、中土禽业务、新疆屯河业务、包装业务等。明确"集团有限相关多元化、业务单元专业化"，同时在整合过程中，继续深化"业务单元专业化"思路。这就是集团发展多元化做大，细分市场专业化做强的理念，这也是对多元化发展的一个最好注解。

纵向整合的难度远大于横向整合，横向整合是以扩大生产规模为核心。而纵向整合使产业链之间的竞争超越了产品的竞争，可以获得关键的话语权、定价权和销售主导权。纵向整合的产业链之争，也是企业综合实力的竞争，更是准企业帝国的竞争。

中粮集团为子公司的品牌背书。中粮集团曾长期扮演食品企业原料供应商的角色，终端消费者对集团品牌的认知度不够高。针对这个情况，中粮集团在全产业链宣传推广中一直强调"中粮出品"的概念，并在广告和包装上凸显这一诉求，希望消费者把集团品牌和子公司品牌的美誉度联系在一起。这样叠加式的不断宣传和推广，市场很快就认可中粮集团这个集团品牌，加上央企的金字招牌，以中粮集团强大的实力、美誉度再来提升子公司品牌的形象，进而推动产业链的形成，产生强大的放大效应。

推动营销向 B2C 转型，针对社会信息化时代的特征，中粮集团组建了国内第一家食品类网站"我买网"，同时在淘宝开店，为旗下诸多产品直接面向终端消费者。利用中粮集团全产业链的优势，"我买网"

商品进出库的原则为超过保质期内 1/3 时间的食品不进库，超过保质期内 2/3 时间的食品不出库。这就是以食品为主业的大型央企中粮集团在食品安全方面做出的表率。

资本运作推动加快转型，资本整合正是中粮集团"全产业链"中的关键一环，凭借资本的力量加速产业整合，也是宁高宁一贯的整合思路。中粮集团要实现全产业链的模式，对财务的要求非常高，为了实现宁高宁的"全产业链"战略，从 2009 年年初，中粮集团开始摆脱过去的稳健做派，进行了一系列的大手笔收购。

2009 年 2 月，中粮集团正式接管了陷入破产的五谷道场，进军方便面市场。

2009 年 3 月，投资 177 亿元建设生猪产业链。

2009 年 4 月，洽谈陕西西凤，进军白酒市场。

2009 年 4 月，投资 40 亿元在北方建立粮油基地。

2009 年 5 月，投资 5 亿元整合丰原生化，进军生物工程领域。

2009 年 6 月，投资 20 亿元助推新疆林果业。

2009 年 7 月，联合厚朴基金收购蒙牛 20% 的股份。

2009 年 12 月，出资 1.94 亿元，收购合资企业万威客食品有限公司。

通过资本运作方式，不断进行业务重组和资产整合，优化产业结构。早在 2004 年，中粮集团并购中国土禽公司，进行业务和资产整合，调整产业结构和商业模式。中粮集团利用资本优势，并购整合相关目标企业，实现快速发展。

中粮集团入主新疆屯河、重组中土禽、中谷粮油；收购华润酒精和华润生化，接管五谷道场；整合丰原生化，收购蒙牛乳业等步伐，使中粮集团拥有中国食品、蒙牛乳业、中粮包装、中粮控股等 4 家香港上市公司，中粮屯河、中粮地产、丰原生化等 3 家国内上市公司，中粮集团形成以 7 家上市公司为龙头的全产业链战略初战告捷。

创新一直在路上，当技术创新发展速度下降的时候，则是制度创新、管理创新和模式创新的高峰期。任何时期，都是以技术为先导，等技术创新迎来沉淀期的时候，模式创新则进入上升期，中粮集团正走在模式创新的新发展期。中粮集团的全产业链战略，主要是在国际大粮商把中国市场国际化的背景下，为提高自身竞争力而采取的集约化的竞争模式，以求达到国内市场的霸主地位。再寻求进入国际市场有所突破，以围魏救赵的战术，来达到最终的战略目的。

中粮集团面临 AMD、嘉吉、邦吉、路易·达孚等国际大粮商的高强竞争，唯有同它们一样，拥有全产业链的掌控，才能与它们竞争。中粮集团与它们的竞争已然由单产品之间的竞争转到资本之间的竞争，再上升到全产业链之间的竞争。中粮集团全产业链战略定位的实施，也预示着与国际大粮商之间的全产业链竞争才刚刚开始。

由中粮集团全产业链战略可以看出，模式创新、技术创新，特别是管理思想创新，才是企业持续发展的核心。要与竞争对手竞争，唯有借鉴竞争对手的优势，才能与它们竞争。由小及大，由大及小，方式方法大同小异，中小企业、传统产业也是一样。互联网、移动互联网、支付生态商圈都是企业竞争的一个工具，企业想生存、发展，缺不了营销与工具的相互配合。技术变革与模式创新，必须解放思想，跟上时代发展，才会顺势而为地借助于新科技、新模式来为企业的发展进行升级与助推。如果说农业社会中土地是资本、资产，工业社会中机器、工厂就是资本资产，那么，在信息社会，企业的知识产权、企业的思想就是企业的资本。未来的社会，企业运营的最高层次是资本，社会也进入"知识+资本"的时代。

二、把自己推到风口融资

资本，已经成为企业的命门，更是企业兴衰的核心点。2008 年美国金融危机之后的 2009 年，中国大量的外向型中小代工类企业进入倒闭潮。即使以国内市场为主的中小企业也是度日如年，国内媒体呼吁给中小企业信贷支持力度加大等，这一切都表明，中小企业真正生命周期短的原因就是资本严重缺乏。更可以说，国内中小企业资金充足率太低，在亏损周期达到一年的企业，生存率不到 1%。即使今天强大的华为，在 1994 年前后，也一度面临严重的生存问题。

1992 年，华为上马了 JK1000 局用机项目。由于缺乏经验，JK1000 防雷效果很差，设备经常起火，并受到数字交换机的市场打击。JK1000 项目的失败让华为损失过亿元，使华为资金出现周转困难，员工工资一度只能拿到白条。面对重重困难，任正非依然坚持搞新产品开发，将宝押在了"C8C08"数字交换机项目上，资金不足就四处借贷。

当时在华为负责研发的李一男说："这是一次以公司全部资产为本钱的最后一搏。"在内部召开动员大会时，任正非站在 5 楼会议室的窗边冷静地对全体高管说："这次研发如果失败了，我只有从楼上跳下去，你们还可以另谋出路。"任正非跳楼的"决心"，深深地激起了华为员工的拼搏精神。1994 年 8 月，C8C08 万门机在江苏邳州开局，经过两个月的上线调试，最终大获成功，并带动华为 1994 年销售额达 8

亿元。

创业 7 年的华为，尚资金奇缺，更何况中小企业了。华为做通信行业，利润率相对高得多，而现在的中小企业，利润少得可怜。利润少公司的资金就少，而资金是否充足，却又直接影响了中小企业能否生存与发展。对于中小企业而言，创业资金基本都是自己的积蓄和向亲朋借款的，资金的后续才是真正的大问题。创办一个公司容易，公司开张有单业务也容易，毕竟注册公司花不了多少钱，创业者一般都是从前公司离职的高管或者从事营销的人员，拿到一单业务，问题不大。也就是说，这样的传统创业思维害了大部分中小企业。中小企业从销售做起，规模大一些，购置土地建厂房、进设备、加工人，公司摊子越铺越大，却出现了严重的资金问题。公司开始从银行借贷，但贷款却是以厂房土地做抵押的，而且最多不超过固定资产的 60%，这样对中小企业而言无疑是杯水车薪。

中小企业贷款后，公司财务费用开始上升，而公司的管理并没有随公司的规模而上一个台阶，反而在经验管理的背景下，随着生产规模的扩大，管理不但没有产生效益，反而出现管理成本上升，更导致了利润的下降。在财务成本上升、管理成本上升的两升，与利润的一降，反而成了走向衰败、变成僵尸企业的不归路。这就是传统产业、行业的悲哀，但更是市场机制的优势。俗话说得好，穷则变，变则通，思想一变，救活一片。

国内互联网的发展，更是带动了风投、天使等投资资金在国内的大发展。国内腾讯、新浪、百度、网易等企业的发展与上市，打开了国内投资资本繁荣的天地。这些企业的创始人对国外的商业模式熟悉，并有在国外留学的经历与工作经历，把国外风投的模式与创新引入中国，把国外的风险投资也一并带回国内，促生了国内新经济、新模式的快速发展。经过 20 余年的发展，国内天使投资、风险投资等股权投资遍地开花。更是用新模式加资本，把国内传统产业做得风生水起，赴美上市并重回国内进行兼并投资，一跃成为国内细分行业的领军企业。他们的成功，可以复制，例如，如家酒店。

如家酒店的发展可以分为四个阶段。

第一阶段：成立阶段。

2001 年 8 月，携程旅行网成立唐人酒店管理（香港）有限公司，计划发展在国内的经济型连锁酒店项目，并就中国宾馆行业特点，拟定商业模型。2001 年 8 月起公司以"唐人"作为品牌名，重点发展 3 星以下的宾馆成为唐人品牌的连锁加盟店，并把特许经营商业模式作为商业模型的核心。2001 年 12 月，公司正式将"如家"定为品牌名，并申请注册商标。

第二阶段：快速扩张阶段。

"以不同城市，一样如家"为品牌内涵。2001 年，如家成功发展了 11 家加盟酒店。2002 年 6 月，如家酒店连锁店数量达到 20 家。

2003 年 2 月，如家酒店连锁被评为 2002 年"中国饭店集团 20 强"。

2004 年 3 月，如家酒店连锁率先在上海成立了如家酒店管理学院。

2005 年，如家酒店和安飞士汽车租赁达成战略合作协议。

第三阶段：筹备上市阶段。

2005 年 1 月，孙坚出任如家 CEO，加速了如家上市的进程。2006 年 10 月 26 日，如家快捷酒店股票成功在纳斯达克上市，当时收报 22.5 美元，较 13.8 美元的发行价飙升 63%。如家募集到的资金超过 1 亿美元，为如家今后的进一步发展奠定了坚实的资金基础。

第四阶段：发展壮大阶段。

2006 年 4 月，在第三届中国酒店"金枕头"奖评选中，如家荣获"中国最佳经济型连锁酒店品牌"称号。

2006 年 5 月，如家赞助东方卫视，全程参与"加油，好男儿"活动。

2007 年 10 月 20 日，如家以 3.4 亿元的价格收购了国内经济型连锁酒店排名第八的"七斗星"100% 的股权，双方于 10 月 21 日签署相关的收购合同。收购完成后，如家拥有酒店数量超过 330 家，这也是国内经济型连锁酒店最大规模的收购案。

2008 年 2 月，如家酒店签约第 500 家连锁酒店。2008 年 3 月，如家商标被评为"中国驰名商标"。2008 年 4 月，如家在第五届中国酒店"金枕头"奖评选中获得"中国最佳经济型连锁酒店品牌"称号。2008年 12 月，首家和颐酒店开业，如家酒店集团成立。

2009 年 5 月 7 日，如家向携程定向增发 751.45 万股普通股。在交易完成后，一直身为如家股东之一的携程以 18.25% 的持股比例超过北京首旅，成为如家新的最大股东。

2010 年，如家被纳入纳仕达克中国指数股。2010 年 10 月 15 日，国内最大的酒店品牌如家酒店连锁与东渡国际集团开发"东渡银座"，在苏州万豪大酒店就如家酒店进驻举行了盛大的签约仪式。

2011 年 5 月 27 日，如家酒店集团在上海宣布：集团正式签约收购莫泰 168 国际控股公司全部股份的协议。2011 年 9 月 6 日，如家酒店集团在太原正式发布了旗下高端酒店品牌——和颐酒店的发展战略。

2012 年 10 月 15 日，由中国连锁经营协会主办的 CCFA"员工最喜爱的公司"评选中，如家酒店集团荣获该奖项。2012年11月16日，如家大学荣获"2012中国最佳企业大学"称号。2012年12月18日，如家酒店集团旗下的"如家快捷"被《酒店现代化》杂志评为"2012中国杰出经济型酒店品牌"。

2013年7月2日，如家酒店集团荣获两项大奖：国际饭店业优秀品牌奖和2013中国饭店协会信息化优秀示范企业。2013年7月8日，如家酒店集团荣获第十届中国酒店"金枕头"奖的四项大奖。2013年8月12日，如家酒店集团荣获星光奖"最受游客欢迎——中华卓越品牌"大奖。

如今，如家酒店集团——纳斯达克上市公司，旗下拥有干净温馨的如家快捷酒店、时尚个性的莫泰168酒店、涉外商务型和颐酒店三大品牌，覆盖全国250座城市1800多家酒店。如家自成立以来，以连锁经营模式为龙头、以经济型快捷酒店为定位、以股权资本化为融资渠道、以收购加快发展而成为国内酒店行业的冠军。如家酒店的创始人、投资方、合作方、客户方共同组成了高速发展的四轮驱动力。如家是从经营模式入手，重新定位酒店，使传统服务业企业成为国内酒店业的创新者、公司上市的先行者。如家酒店集团更是把酒店定位分为三种、花开三箭，各有不凡。

如家酒店的发展，深刻地展示出经营思想的重要性，只要在传统产业中注入新的经营思想、经营理念，在资本、模式和人力资源的助推下，传统产业依然可以迎来发展的春天，依然可以焕发新的生命力。

"经济基础决定上层建筑。"相信很多人都知道这句话，也知道这句话的含义。是的，资本的力量是不以个人意志所转移的，资本的本性是逐利的。对待资本、对公司融资，企业家还有很长的一段路要走。如果说改革开放前，中国才完成第一次、第二次工业革命，而且是用国家的意志和力量来主导和推进的，与民间关系、关注不大。那么，改革开放后，民营经济的发展，才是工业革命在中国的市场化。回看欧、美、日的工业革命进程，都是以企业，特别是以个人公司推动的，在这一点上，与中国有很大的不同。中国民营企业的发展，根源是工业革命在中国真正落地生根、开花。

中小企业的企业家在经营思维属于农业社会的多，而工业社会、信息社会思维的少，所以解放思想，也是让中小企业、企业家的思想进入工业社会、信息社会。中小企业需要善于用势、造势、以势成业。近些年很多新思维的企业家，不断创新着企业界的新奇迹，他们不断创造风口，不断创造新的噱头，使他们的企业备受关注，犹如网红企业，成为互联网流量的导向标。由此可见，中小企业的发展，就是要以生产创造迈向思想创造、生产陪同的共生模式。中小企业的机遇更多，因为资本的逐利性，逐利的前提是中小企业的经营模式、资本路径与行业定位。

中小企业只有在细分行业、细分产品做到行业的数一数二，才会成为资本的香饽饽。一个企业在一个行业内，产品不可能做到数一数二吗？以前经常讲公司要有拳头产品，也是这么一个道理，只有公司把资源集中在一个产品上时，才有可能使产品拥有较高的市场占有率，也有希望成为市场细分产品型号的冠军。也只有有冠军产品的企业，才是资本去追逐的企业。

防水材料行业的北京东方雨虹，就是很好的一个例子，东方雨虹前身是一个防水工程公司，2002 年进入防水建材行业。东方雨虹没有进入防水卷材产品类，而是选择了防水涂料，这是一个国内市场相对较小的防水材料细分市场。东方雨虹用了 6 年时间，把东方雨虹防水涂料做到了年产 2 万吨，从而成为细分品类的行业冠军，并于 2008 年 9 月在中小板上市，从而成为行业首家上市公司。东方雨虹在上市后，开始产品的多元化，并借助资本的力量，在全国完成销售生产布局。中小企业自身定位很重要，转换了思想，一切就天高地阔任飞翔。

中小企业要善于制造噱头，制造概念来吸引资本的目光。高科技、新材料、新能源都可以成为中小企业的着力点。前些年纳米科技盛行，很多传统产业企业打擦边球，以致市场上出现了许多"伪纳米"产品，如纳米绿茶、纳米袜子等。这还是纳米科技的本身吗？纳米是一个长度单位，纳米代表的是小，结果被借用到这些产品上，而且市场上类似的产品层出不穷。一如最近几年的量子科技，在企业界不是刮了一阵风，而是在美容界、直销界产品中，出现了一波圈钱风，致使很多投资者血本无归。综合来看，中小企业需要的噱头是可以吸引资本的目光，又可以让企业健康发展的产品、科技概念。中小企业要在产品上脚踏实地——市场，在思想上高瞻远瞩——经营战略，在研发上概念加实用——可生产，才是最基本的道理。

中小企业更要用商业模式、设计商业模式，商业模式是企业发展的加速器，更是可复制、可控制的企业模板。自《商界》杂志从 2005 年对国内的商业模式不断地发掘与报道以来，商业模式成为企业界热衷谈论的话题，更为中小企业提供了一个新的重生工具。国内自 2000 年以后，涌现了很多模式领先的企业，几乎遍及各个行业，如海尔模式、联想模式、格力模式等。但就本质而言，这类模式是这类企业的经营模式，是不具备复制性的，所以很多去参观学习的企业家，是完不成经营复制的。而国美电器、如家酒店、魅族手机等，却成为一个行业所借用的商业模式，从而成就了行业的大繁荣。商业模式如资本、技术一样，成为企业的"三驾马车"之一，商业模式作为企业的核心，发挥着越来越重要的作用。

三、企业外脑

企业家的工作经历、学习经历，基本决定了企业家的思想范畴，而企业家思想范畴之外，也就是企业家的认知之外，基本成了企业家的短板。人无完人，企业家也不例外，也是有短板、有所不足的。例如，销售出身的企业家，对生产研发管理可能就是最大的挑战；生产管理出身的企业家，对营销、市场、政策就可能认识不足；财务出身的企业家，可能对营销和生产管理有诸多的计较；学者派企业家，在对企业发展战略热衷的同时，可能对企业管理的实际工作有些不足；官员型企业家，最有可能使企业管理中出现派系丛生的现象。

营销出身的企业家，是感性的，对事物有直接的认知，反应敏锐，这是营销的基本素质。营销是公司与客户和消费者直接接触的最终平台，社会化比较强，应用的手段、方式也是各有不同。所以，这类企业家的事业发展比较快，但也是最不按套路出牌的。

生产管理型企业家，是理性的，逻辑性比较强，对事物讲究流程，注重结果，这是生产的本质。生产是公司在市场竞争中立身的基础，也是产品在市场竞争中的核心，讲究品质，工匠精神属性比较强烈。这类企业家事业稳固，稳中求进。

财务型的企业家，是谨慎的，对细节要求严格，对事物一丝不苟，注重掌控，这是财务的本质。财务是公司的血液，也是公司发展的前提，更是现代工业的命脉。这类企业家的谨慎，是在财务审计，对于玩转资本市场的，也属于这个类型。

学者型的企业家，书生气比较重，有情怀，对事物有浓厚的兴趣，对公司的实质操作有所欠缺。学者型企业家对管理层喜欢讲经布道，授业解惑，一般有两个极端，要么企业发展很好，要么很快倒闭。

官员型企业家是讲政治、讲政策的，宏观、微观控制都比较好，注重管理的素质。官员型企业家也带有本身的习性，容易使公司内部造成派系丛生。派系多不一定是坏事，相互监督，相互竞争，有利有弊，但是内耗比较大，致使公司经营精力耗损过多。

不一而足，企业家有所不足，也就成就了一个庞大的企业外脑市场。企业外脑，这是一个称谓，符合这个称谓的，有很多个行业的公司，也有很多的知名人物或者个体。企业外脑又有许多细分，细分成不同的行业或职称，如营销策划类、管理咨询类、VI设计类、政策解读类、危机公关类、资质代理类、税务筹划类、资本投资类、公司律师类。个人或者个体类一般是从事顾问或者独立董事类等。对于企业外脑的公司类而言，企业外脑功能的各项顾问，费用低、效果好，而且时限也长。

旁观者清，是企业外脑的第一个优势。中小企业在市场竞争中，对国家政策、产业趋势、研发动态、同业营销热点等都存在不同程度的信息不对称和信息盲点。而作为企业外脑的这些企业，因为接触客户行业企业多，对客户企业行业、产业了解相对客观，并有各自的智囊团，从而对信息资源、政策资源的解读会更具体到位。现在企业界都在加大资源整合力度，特别是外包，不仅仅是将公司的生产外包、营销外包，有的企业甚至将销售渠道进行外包。这也就说明了，现今的企业，主要是占据产业价值链的核心利益部分，其余的皆可以进行外包，让企业的长处更长，优点更优。而把自身经营短板直接交给该行业专业公司去做，这种去短板的方式，多为国际化公司所采用。中小企业的短板更多，所以更需要企业外脑行业进来加速中小企业的发展，同时弥补中小企业的不足，让中小企业在发展中做强，最后再走向做大。

伴随着中国经济的改革开放，国内各类咨询类机构也多了起来。在20世纪90年代，曾大名鼎鼎的"点子大王"何阳，最初带着团队发明了多个专利，但就是卖不出去。国家举办了一届商品博览会，何阳想进去推销，却被保安拦住，说里面都是研究所，个体户别进来凑热闹。在何阳的软磨硬泡下终于进了场。当大庆油田的副总经理看到何阳的专利产品时，何阳说，我可以先一分钱不要，你赚了钱再给我。

于是何阳拿到博览会第一个合作合同。媒体纷纷报道，在新闻媒体效应下，很多企业慕名前来合作。

国家号召靠知识赚钱，何阳由此成了典型。《人民日报》记者发现，何阳在出售专利产品时，还附带给企业提供经营策略。这种附带的建议，也可以将专利产品卖个更好的价钱。1992年9月，《人民日报》在头版刊发了《何阳卖点子，赚了四十万——好点子也是紧俏商品》一文。各地媒体转载和二次报道的同时，将"点子大王"的名号送给了何阳。何阳马上就明白了，原来点子也可以赚钱，于是何阳转行卖点子，何阳成了中国第一代广告狂人。何阳的点子，常常化腐朽为神奇，如他建议将滞销的杯子印上京广路线图，送到火车上销售，救活了一个工厂。他将台灯设计成爱国者导弹的模样，放到香港去销售，他收到6万元的酬金。浙江一家火腿肠公司半死不活，他建议将火腿开发成罐头，一句话他就收到10万元酬金。

何阳成为那个年代的宠儿。牛群、冯巩以他为蓝本，在春节晚会上说，点子让生活更美好。何阳走遍全国，开始演讲，那个时候刘晓庆的出场费是4万元，何阳的出场费在2万元以上。企业家想请他吃饭，拿号排队再交3万元。何阳演讲会的门票是几百元，比当时香港四大天王在内地演出票价都高。他到达某地，当地领导也会去接机，报纸会提前做预告，标题为"欢迎智多星何阳到我市讲课，为我市经济腾飞添砖加瓦"。

"点子大王"何阳，可以说开启了国内营销策划的先河。客观地讲，何阳的点子仅仅是一个创意，还远远称不上营销策划。何阳的创意，在那个营销尚无的荒芜年代，确实会给企业打开一扇窗户，但效果相对有限，远没有媒体宣传的那么神奇。现在的营销策划行业，已经是集创意、管理、定位、执行于一体的系统化营销全案，不仅有相当雄厚的理论做支撑，更有因地制宜的经验相融。营销策划是最强的企业外脑，这样说也毫不为过。营销是企业的龙头，也是马克思所讲的，从商品到货币是惊险的一跳，而这一跳，现在已经是企业发展的核心要素。营销增长则企业发展，营销止步不前，则企业进入衰退，如逆水行舟，不进则退。

国内著名的营销策划公司比比皆是，因为国内有几千万家企业，每个企业都有不同的需求，也就给营销策划公司大量的机会。营销策划公司以北京、上海、广州、深圳最为集中，名气也相对较大，而名气是它们用成功的案例堆起来的。当然，它们也有更多的失败案例，因为一个营销策划方案好、企业配合好、执行好，可能这个营销策划就成功率高。反之，则相互扯皮，企业花了钱，也没有得到应有的市场回报。

管理咨询，顾名思义，主要是为企业提供公司在管理上的建议与方案规划。管理出效益，向科学管理看齐，这也是 20 世纪 90 年代常见的企业内部宣传语。民营企业从创立到发展，也是管理的发展。国内公司的大发展，也离不开管理咨询公司的帮扶与支持，也成就了众多的企业，使之成为行业内数一数二的名企。笔者对管理咨询比较看重，特别是中小企业更需要对管理进行升级，以使企业穿上大一号的鞋，穿上大一号的衣服，让中小企业进入成长的新通道。

对于企业如何选择管理咨询公司，笔者想给中小企业一个建议：你的企业定位于做一个省的市场，或者说你的企业想做一个省内的冠军，那么你的公司适合找个省内的管理咨询公司。如果你的公司定位于做国内市场或者说做市场细分产品的冠军，那么，你的企业适合找国内知名度比较高，而且带执行团队的管理咨询公司，这样双方合作成功率高。如果你的企业针对的是国际市场，特别是产品研发强的公司，那么，最好还是选择国际上比较知名的管理咨询公司，由它们来做管理咨询，你的公司在国际市场竞争中，对于开拓市场、管理效率问题会有比较好的解决方案。

或许你对这三个建议会有异议，那么，也可以从人才这方面与这三个建议相契合。以前，人们评价一个公司时，先要看公司用的是什么人，哪里人。因为这方面反映了一个公司、一个企业家的人才观和事业胸襟及企业管理现状及企业的管理水平。

一个企业的员工，都由亲属、本地员工组成。那么，这个企业的市场基本以本省为主，有的更是以本市为主。而在公司管理上，则绝对是经验式管理，而且裙带关系导致管理效率低下，使公司的竞争力不强。

一个企业的员工，如果是以省内人才为主，那么，这个公司的市场以省内为主，省外为辅。这个公司在管理上相对要好一些，已经在推行管理的制度化。

一个企业的员工，以国内多地人才为主。那么，就可以肯定地说，这个公司的市场是以国内为主，国际市场为辅。该公司的管理基本上达到制度管事、岗位管人的现代化管理水平了。

一个企业的员工，是以多个国家的人才为主。那么，这个公司的市场是国际市场的有力竞争者，好一些的甚至是该行业的龙头企业或者达到领军企业的水平。该企业的管理水平已经是国际化中的佼佼者，管理形成体系，更具备了管理创新和复制的能力。这样的企业为数不多，但却从世界各地招募人才，不仅公司完成了国际化，更重要的是，该公司借助全球化优秀的人力资源，完成了企业国际化中最关键的一环——国际市场的本土化。

综合以上人才的四方面，就可以清晰地看到人才汇集也是市场的汇集，更是管理的升级。管理从原始的上下级单层管理，逐步向多级管理迈进，更是从人才管理制度的本地化到国际化，形成良好的绩效考核体系，使企业进入良好的自我管理阶段。再回到前文管理咨询的三个建议上，与人才的四方面如出一辙。笔者以华为与实达电脑的管理咨询为例，再次说明这个事例，也说明你公司请的管理咨询公司这个合作伙伴，必须在你公司的行业中是前辈，是公认的高知、企业外脑，否则就是事倍功半。

危机公关，或许对中小企业来讲尤为陌生。但如果说到应对危机的有关机制，那么它具有意外性、聚焦性、破坏性和紧迫感。危机公关具体是指机构或企业为避免或者减轻危机带来的严重损害和威胁，从而有组织、有计划地制定和实施一系列管理应对措施和应对对策，包括危机的规避、控制、解决及危机后的复兴动态过程。危机公关对于国家、企业、个人都具有重要的意义。

在互联网全球化的信息社会中，网络暴力、网络"黑社会"大量存在，"网络水军""网络推手"众多。更有部分企业和个人采用违法手段开展网络公关活动，恶意中伤竞争对手，成为市场经济的"害群之马"。如果要用案例来说明，长城汽车与吉利汽车的案例，就可以作为一个样本。

（案例）长城汽车与吉利汽车互指被"黑公关"。

2018年这一年，企业与企业、企业与媒体、企业与个人，个人与个人……各种对撕层出不穷，其中最值得关注的当属长城汽车与吉利汽车互指被"黑公关"，就是这个事件，堪称该年度危机公关处置案例的成功典范。

为什么这样说呢？先看一下事件的基本脉络。

第一步：网络上出现含有"吉利水军"讨论如何攻击友商的截图信息。

第二步：长城汽车发表声明称，长期遭到大量的恶意攻击和抹黑，已报案并举报，直指吉利汽车搞"黑公关"。

第三步：吉利汽车对于指责予以否认，开展内部清查，就网络截屏信息报警并起诉长城汽车。

第四步：多家自主汽车企业呼吁长城汽车，并与其发起成立"中国汽车行业自律联盟"，共同抵制吉利汽车。

第五步：警方公布信息称，抓获了制作并传播"吉利水军"相关信息的人员。

第六步：吉利汽车与长城汽车举行会谈，发布联合声明：此前的相关问题已由警方查明，系有人假冒吉利员工，捏造虚假信息，导致误会。表示双方愿意消除误会、撤清相互诉讼，建立多层级沟通渠道和对话机制，共同行动，寻求合作发展的机会。

至本盘点时间，恰逢长城汽车的高端子品牌 WEY 上市两周年发布会，包括吉利汽车董事长李书福在内的国内多家自主汽车企业负责人共同为之站台，这种情况不仅汽车行业没有过，在其他行业也属罕见。"首席赋能官"认为，这表明一切原本行业内两家企业之间的互撕甚至要闹到对簿公堂的危机，不仅成功化解，而且已经转变成行业力量的空前凝聚和团结向上。这就是很多公关人所渴望的"化危为机"或"转危为机"。

为什么能做到这样呢？还是回到用接触点审查工具来分析这一事件，它体现在"竞争伙伴及其关联"要素，损害可以从几个程度来看：轻则影响两家企业的声誉与业务发展，重则使整个中国汽车自主品牌陷入分裂。从根源和长期来看，对消费者也没有丝毫益处，可以说可能导致一个多输的局面。

所幸的是，两家企业最终能消除对立，走到对话的轨道。这背后，是企业最高决策者敏锐的战略洞察与宏大格局，也与公关团队的专业努力密不可分。对于这个事件，涉事两家公司，双方的董事长都是非常低调务实的风格。事情发生后，双方的最高层，尤其是吉利方面，董事长亲自过问，召集内部清查，并表明了相应的态度。

可以说，正是这个行动为此事的后续转变提供了方向，奠定了基础。

相比之下，另一件企业之间的对撕情况就没有那么美好了，这就是腾讯与字节跳动互指被"黑公关"。基本上是"你打我一拳，我还你一脚"的口水仗，以致始终游离于握手言和的局势之外。

危机公关，已经成为企业外脑中最为重要的一环。在信息传播速度与爆炸的时代，企业新闻的任何不妥，都会成为企业的灭顶之灾，而危机公关，则给企业一份基础的生存保障。

由此来看，中小企业的经营弱项多，选择合适的企业外脑是最合适的方式。己所不能，必有求于人，这句话对于中小企业而言，尤为正确。自己不擅长且长期雇佣不合算的，那么可以把该业务单元、经营单元、研发单元或己短单元，外包给企业外脑公司。这样的优势就是把自己的短板补齐了，中小企业只需要把自己擅长的再精进，做最优秀的自己。

四、终身学习

俗语说得好："干到老，学到老。"俗语是正确的，人生本身就是活到老、学到老的过程，也就是终身学习。但人的学习分为主动学习和被动学习及不学习三种，这就形成了三个不同的人生结局，这是很现实，也是很自然的因果关系。这句话放在信息时代的今天，尤为适用。

社会因科技而进步，更是在不断发展与知识更新中前行。农业社会是慢节奏，工业社会是快节奏，而今天的信息社会则是大爆炸的节奏。大爆炸的节奏，就如核裂变一样，是几何级的，是知识更新与思维更新最快的时代。而中小企业，则处在慢节奏与快节奏之间，对于大爆炸的节奏，目前没有直接的感受，也就导致中小企业家大部分都停留在自我满足的阶段。思想解放，要从学习开始。

主动学习的人，也是主动变革的人，更是对新思路、新科学、新技术、新管理、新趋势了若指掌的人。主动学习是态度，态度决定一切。一个奋进的人，必定是一个学习的人。一个学习的人，也必定是一个奋进的人。一个学习又奋进的人，注定是一个有使命感的人、一个有理想的人，而这样的人，注定了是要来改造企业、行业和社会的人。一个致力于改造社会的人，是一个有着正能量的人，不仅决定了成就与人生的价值，更影响了周围的人。

翻看历史，每一个成功者，都是一个优秀的学习者。无论是帝王将相、学者大家，概莫能外。如果把学习放在中小企业家身上，学习科技、学习管理、学习人力资源，则会让企业转向更强，走得更远。学习，永远是最低成本的成长与成熟；学习，永远是发展的前提。

快马扬鞭自奋蹄。主动学习的人，也是自律的人。始终如一地坚持学习，本身就是最好的自律。而自律的延伸，就是生活中的自律、事业中的自律与人际交往中的自律。形成了自律的人，成就也不会差。当然，一如既往的懒，也是一种自律，只不过这种自律比较负能量。所以学习的人、自律的人，就会荣誉满身。一个主动学习的人、变革的人、自律的人，才是一个真正的创业者、创新者、集大成者。

被动学习的人，应该说大部分是从众心理的人。被动学习的人相对于主动学习的人而言，又分为两类人：别人学习自己跟着学习，但学的什么不是重要的，就是要显得自己也是爱学习的，为的是融入这个圈子。在这一点上，国内泛滥的商学院就是如此，大部分的参加者，就是为了一个圈子资源而去的。真正学习到的知识反而是其次，成了典型的本末倒置，现在是社会上的一种时尚。

另一种则是被逼无奈，不得不学习类型的。应该说这一类人还是有危机感的，他们代表了从众学习的一部分。他们被动学习是迫于危机感与无奈，他们深知，社会的发展日新月异。他们更深刻地感受到，学习强则恒强。而自己上，则上不去；下，则一溃千里。唯有不断地去学习，并加快学以致用的步伐，使企业不掉队，仅此而已。

被动学习的人，通过自己的努力与自律，也可以成为优秀的人。但被动学习的人，缺点在于跟随而导致的不敢于或者说创新能力太低。主动学习的人，在于心态、在于进取心。而被动学习的人，在于从众、在于跟随。心态之别，就是云泥之差，也就高下立判。没有创新的心态，企业也仅仅是吃行业发展的红利而已，不是企业经营的实际增长，而是行业的扩容，是吃了行业扩容与社会的增容量而已。企业本身的发展速度，逐渐跟不上行业的平均水平，则表明被动学习的效果差，执行力更差而已。

而不学习，仅仅是投机型赚快钱的人，也是最早被淘汰的人。历史的车轮滚滚向前，是不可阻挡的，也是无法阻挡的。一如螳臂当车，必将被历史的车轮碾压得粉碎。不学习亦然，不学习的人，在企业经营中或许凭借一时的捡漏，赚得几年生活费，正所谓其兴也勃焉，其亡也忽焉。

学习、学习力，已经成为企业家、企业的核心竞争力。在这里让人们想到海尔冰箱初创期，张瑞敏初到海尔工作，制定的制度是不允许在车间随地大小便。或许在今天看来是很荒唐的事情，但恰恰相反，在20世纪80年代，中国国企、集体企业的管理相当落后，各种陋习司空见惯。张瑞敏从车间卫生管理开始，净化工作风气，理顺工作态度。如果这方面做得还不够，那么后来发生了张瑞敏挥锤砸冰箱，则把海尔冰箱砸成一个有质量的名牌。海尔的发展与张瑞敏的思想与学习密不可分，也就是说张瑞敏是海尔发展的火车头与导航仪。企业家是企业发展的根基，也是企业的柱石。

学习力就是学以致用。学习是方法、用是目的，学以致用，把企业经营好才是核心，才是目的。如果做一个比较，学习成绩不等于经营效果。学习力是学习的速度和成效，或者叫学习的结果，但真正用到经营中，产生多大的效果，却是未知的。企业家的思想也需要从应试学习转向应用学习方面，应试学习是为了拿高分，用的方式是死记硬背，方法单一。这种学习方法不求理解与应用，只求考个高分数，拿个结业证。而应用学习的，不在乎考试的分数，而在于领会、熟悉，并结合工作中的应用，很好地解决工作中遇到的问题。这才是学以致用。

第六章　从普通到优秀

一、聚焦"焦点"战略

对于中小企业而言，什么赚钱快就做什么产品，可以用麻雀虽小、五脏俱全来形容中小企业的产品线。中小企业产品的从众属性，直接导致了中小企业单品的成本居高不下。可以做一个分析，中小企业每上一个新产品，从机械设备到人员、采购都要调整，但产量不会形成很大的规模时，所有的溢价成本叠加，终会让中小企业无利可图。中小企业的单品多、采购批次多、单次采购量少，这两多一少的现象，导致中小企业的原料采购单价居高不下，失去了规模大的采购优势，形成了第一个成本的高点。

中小企业的第二个成本高点在生产过程中。越是产量小的单品，生产成本越高。也可以这么说，每一批次产品的生产都要从投料到调试、到生产、到质检。而每一个生产环节和流程，与大批量生产完全是一样的。生产量越大，每单品生产成本越低体现在两方面：一是人工成本，在计件工资制情况下，人工成本的差异更为明显。二是能源消耗与设备维护，在正常大批量生产时，耗能要比小批量略低，而维护设备的费用则更低，这两方面显而易见的成本更低。

中小企业的第三个成本高点在经营过程中。中小企业产品种类多，拳头产品近似于无，特别是中小企业营销费用不多，却又要投入单类产品的营销效率低下，由此导致了产品的营销成本高。

中小企业第四个成本高点在物流。在采购原材料、成品发送上，小批量的物流成本相对略高。这也是中小企业的短板，物流多批次、小批量不仅使物流成本上涨，更增加了中小企业人员的费用。以上费用叠加，中小企业物流成本成为成本的第四个高点。

综上可见，中小企业的四个成本高点，是中小企业盈利不强的主点。既然中小企业有四个成本高点，那么中小企业怎么盈利？靠什么低点存活？中小企业的管理费用是低点，中小企业的应缴纳税赋是低点，中小企业的人力资源成本是低点。准确地讲，中小企业的四高三低都具备典型的特征。这是中小企业的成长特征，在逐步壮大的过程中，四个高点会逐步降低，而三个低点升上去的时候，这时的中小企业，至少是一个比较强的企业，是一个经营能力强、市场竞争力强、品牌美誉度高的强势企业。

中小企业四高三低的转换过程，不是一蹴而就的，也不是一成不变的。这在经营上，需要一个化繁为简的操作过程。让中小企业在经营上、产品系列上、管理层级上化繁为简。化繁为简，为的是提高管理效率、提高主业集中度、提高产品的核心竞争力。

中小企业很多都有大企业病，即管理层级多、管理人员多，但是职责不明确、扯皮现象普遍。中小企业在管理上的化繁为简是减少管理层级，加强制度建设与岗位职责相融合，使中小企业的管理从经验式的人管人向制度式的管理转变。近些年大型企业纷纷推动管理层级的扁平化，核心就是减少管理的层级，提高管理的效率，以此来提高公司的经营效益。相比于大型企业，中小企业的管理层级减少，更简单易行、操作性强、见效快，这也是中小企业的优势。

1. 提高主业集中度

中小企业多元化是普遍现象。一个企业做一个行业、两个行业的产品，同时经营的现象很普遍，这也使得中小企业的经营资源分散、市场占有率极低。拿防水建材行业来举个例子：防水建材行业分为防水卷材与防水涂料两个大类。而中小企业同时生产两个大类的企业占了一半以上。防水卷材是以工程客户为市场主体的，而防水涂料是以维修市场为主体的。也就是说，这两个产品种类针对经销商与终端客户群体属性不同，也就要面对两个不同的市场销售渠道。所以防水建材企业在渠道建设中，面临着一个营销资源一分为二的弊端，特别是人力资源。面临这种现状的中小企业很多，只是中小企业自己身在其中，察觉不到自己的经营多元化、多样化。

中小企业在产品系列上，更要做化繁为简。一个公司拥有多个系列的产品本是好事，但放到中小企业而言，则成了四高三低的典型。公司应在产品系列中确定市场潜力大与具有发展前景的，以做拳头产品、王牌产品的方式去做好精简。一个品牌、一个公司在市场的竞争力，要看本公司品牌的市场份额，这是检验产品的标准。如果公司产品在细分品类占到市场的5%以上时，可以说公司产品已经有影响力。如果公司产品在细分市场占有率为10%以上，可以说是一个名牌了。按这个思路来规划公司产品的系列精简与单品选择，才是中小企业发展化繁为简的王道。

2. 缔造主业

评价一个公司的好坏，看公司的主业是否突出就一目了然。一说到飞机制造，最先想到的就是波音、空客；一说到酱香型酒，最先想到的就是茅台；一说到汽车制造，就是 BBA 等，这说明了什么？这说明了公司的主业在消费者心中已经有了行业定位和地位。一个公司必须主业突出，只有做到专业、专一、专注的企业，才是专家型的企业，也是专家型的企业，才可以长久发展。

国内外的上市公司，在上市前，公众最关心的就是公司主营业务收入比。主营业务的收入比越高，意味着公司的主业越突出，公司的盈利性越好，市盈率更高。对于国内企业来讲，如茅台股份的销售额并不高，但茅台股份的净利润高，也就推高了股票的价格一路走高，这就是典型的主业突出型的公司。再如格力电器。格力电器在家电行业上市公司中，是历年分红最多的企业，盈利能力数一数二。原因就是格力电器主营业务突出，空调占了格力电器营业额的85%以上，而其他家电类企业远远低于格力电器。国内外众多上市公司，都与这两个类似，那就是公司的主营业务突出，公司越有价值。缔造主业，才是缔造公司的竞争力。

如果股市对公司主业的要求不高，那么，风险投资是衡量一个公司价值的最优样板。风险投资是企业的助燃剂，在推动公司发展与上市的过程中，是一个出色的主推手。风险投资对企业的要求第一看企业的主业占比，也就是主业突出不突出。第二看公司所处的行业是不是高增长行业。第三看公司在行业中的位次，是不是前几名，或者有没有希望成为行业的前几名。风险投资进入企业，为的是加快企业发展，推动公司成为细分行业的冠军，然后上市，以高市值、高盈利套现，完成投资到回收的过程。所以，从风险投资的角度来看，公司的主业突出非常重要，更要在行业内做到数一数二才是最值钱的公司。缔造公司的主业，是公司的首要工作，更是公司的战略工作。

缔造公司的主业，需要人力资源推动技术创新、经营模式创新，两者并举，进而提高市场占有率，最佳是进入市场的垄断从而进入盈利的暴利区。决定公司发展程度的是公司的商业模式，决定产品市场竞争力的是技术创新，在两者兼具的前提下，缔造公司主业是轻而易举的。互联网中诸如滴滴打车、美团外卖、携程等公司，都是从商业模式着手，技术创新同行，在短短两三年内成为市场的领军者，进而成为市场的垄断者，获取市场的红利。

3. 战略决定未来

记得前些年看汪中求的《细节决定成败》一书，在当时社会环境下，风行一时。而今的社会商业环境，笔者认为早就到了战略决定未来、战略决定成败的时代。中大型企业少战略，中小企业无战略，这是大多数中国企业的现状，一个企业没有发展战略，犹如一辆汽车没有大灯。白天你可以安全开车，而晚上开车越快，事故发生概率越高。企业也是一样，没有公司的战略规划，只是赚了钱，当行业拐点来临时，最先要淘汰的，就是没有发展战略的公司。向前看不到方向，走路肯定要跌跌撞撞。战略明确方向，如车灯照亮夜间的路，才能安全开车，顺利抵达目的地。

以事例做一个对比吧，这样更能说明战略的重要性与发展的指导性。中国共产党自成立伊始，就是要建立新社会、新制度，并有党的纲领。通过八一南昌起义，组建了自己的武装，并最终成立了中华人民共和国。而水泊梁山的替天行道，则是由一群官场不得志的人组成，他们没有纲领，也没有推翻宋朝的雄心。梁山好汉有的是战术，什么是战术？替天行道。替天行道，天是谁？天子、皇帝。行的是什么道？杀贪官、除污吏。其目的就是引起朝廷的注意，为的是招安时，可以有个好的官职而已。中国共产党的战术比水泊梁山人高明得多，在红军时期提出"打土豪、分土地"，迅速把贫下中农团结起来，扎根农村直到成立新中国。而梁山好汉则是"大碗喝酒、大块吃肉，大秤分银、小秤分金！"他们只在乎自己的感受与利益，根本就没有扎下根。

这个对比比较简单，但事实上凸显了战略的重要性和决定性。没有战略的企业绝对不是好企业，企业发展战略制定者的水平高低，决定了企业的成败。战略的制定者需结合国内外形势、国家政策、行业发展趋势及公司自身优势，制定一个适合企业自身发展的路，并且能够得到很好的执行。所以制定好，也要执行得好。只有想不到，没有做不到，从这句话来看，国内企业的创新度不够，但在执行上确实是公司的强项。也可以这样说，只要有了好的战略规划，没有执行不了的。从这方面来看，也是中小企业的希望。希望企业制定好自己的发展战略，并得到有效的执行，以此来带动企业健康长久的发展。

对企业而言，有了好的发展战略，必须聚焦市场的焦点，也就是公司产品必须聚焦有高市场价值的产品。市场的焦点，是蓝海与红海。以前企业的关注度都在红海市场，靠价格战杀敌一千，自损八百，各企业经营也是如履薄冰。蓝海市场概念一出，很多企业本来就一直在蓝海，也就是原来说的冷门生意、冷门市场。在炒作蓝海概念的同时，也让很多在红海竞争的企业都不断去寻找新的蓝海市场，结果就是蓝海又成了红海，竞争一如既往地激烈。

二、开拓细分市场

企业经过化繁为简，缔造主业以后，在原来产品的市场中，竞争力也难上一个台阶，怎么办？这就需要分析行业、分析市场、分析产品。

分析行业的发展趋势。

分析行业的发展趋势有利于企业制定年度计划，更有利于企业制定自己的发展战略，以此来达到短期业绩与长期发展的有效结合。每一个行业的昨天都是一部历史，只有熟知历史，才能正确地看待今天，并去推理明天。一个创新的产品能够带来一个细分行业，成为行业发展的原点，这已经是一个共识。一个产品创新可能产生一个行业，也就成为大家说的，一个企业的创新成了一个行业的创新。平板电脑不是苹果第一个发明的，但却由苹果公司把平板电脑发扬光大，苹果平板电脑成了平板类电脑的销量王。其他厂商跟风而上，三星、华为等成了后来者中的佼佼者，与苹果公司占据前三名的位置。这就是行业的产品创新到行业的发展，使行业从无到有，从有到优的一个进化过程。国内的例子也很多，如国内的 VCD、DVD 行业就是如此。万燕最先开发出 VCD 产品，却让爱多、先科、万利达等品牌摘了行业发展的红利果实。

任何一个行业，都有大量的公司参与竞争，各公司生产类似的产品来满足客户的需求。这样的红海竞争是残酷的，在激烈的竞争中确实也锻炼了企业，使之成长为优秀的公司。条条大道通罗马，有没有别的方式，通过别的方式、方法来达到公司发展，同时又减少与同行竞争呢？有，肯定有，这就是通常说的冷门产品，学术就是蓝海市场。蓝海市场是通过分析、施行与创新来协同达到的。

《长尾理论》是克里斯·安德森的著作，他在《长尾理论》中指出：只要产品的存储和流通的渠道足够大，需求不旺和销量不佳的产品所共同占据的市场份额可以和那些少数热销产品所占据的市场份额相匹敌甚至更大，即小众市场汇聚成可以产生与主流相匹敌的市场销量。也就是说，企业的销量不在于传统需求曲线上那个代表"畅销产品"的头部，而是代表"冷门商品"经常为人遗忘的长尾。举例来说，一家大型书店通常可以摆放 10 万本书，但亚马逊网络书店的图书销售中，有 1/4 来自排名 10 万以后的书籍。这些冷门书籍的销售比例正在高速增长，预计未来可占整个书籍市场的一半。

这意味着消费者在面对无限的选择时，真正想要的东西和想取得的渠道都出现了重大变化，一套崭新的商业模式也跟着崛起。简而言之，长尾所涉及的冷门产品涵盖了几乎更多人的需求，当有了需求之后，会有更多的人意识到这种需求，从而使冷门不再冷。

《长尾理论》的推出，给企业一个方法，让企业去分析、去寻找市场中存在的长尾产品，从长尾产品中找适合自己企业的产品来进行生产从而参与市场竞争。当然，有了长尾产品，不一定就能在长尾产品中做好市场，这就需要营销与品牌定位相协同，共同为打开市场去努力。记得路长全讲课时说："切割营销，通过切割，来把市场蛋糕重新分配。"而在这里讲一个例子，或许更应题，比如，给山西一个做醋的企业做策划，这个企业叫陈世家，这个醋打了 1000 万元的广告，换回 120 万元的销售额。老总说，不促不销，促了亏损，陷入两难，销售队伍流失，下一步怎么办？我跟他说怎么办呢？

分析整个中国醋行业，是有品类而没有大品牌的，陈醋哪个牌子好很多人不知道，众多的企业没有做大。问题来了，进入这个行业是机会还是陷阱？整个中国醋的行业规模在100亿元左右，有条件支撑品牌。这些企业没有做大，它们的营销能力非常弱，所以对手非常弱小，整个行业在平稳增长，所以这是一个面临行业升级的巨大机会。成功的人永远是抓机会，我说不要卖香港陈世家，没有人想到香港能够酿造出好醋，要回山西。我提出一个大胆的计划，五粮醋！提到五粮醋就会联想到五粮液，五粮液是酒中好酒，五粮醋肯定是醋中好醋了。这样就将醋分成两种，它们是普通醋，我是五粮醋，当然可以卖个好价格了，然后又提出七蒸七酿的程序。然后我跟外国大使馆说每年送十箱醋给你要不要？但不能白给，要写上外国使馆专用醋。做一包装，将醋做得晶莹剔透，配上古方陈醋，将价格从2.8元调到6.8元。再做一个产品线规划，一共11种，然后是招商，一触即发，调味品最后一块黄金宝地。这样一下子卖起来了，在全国糖酒会上成为一个亮点，订货6200万。这个醋的成功是找到了差异化，现在都知道陈世家醋，这就是最好的品牌。

"黑夜给了我黑色的眼睛，我却用它寻找光明。"相信很多人都读过顾城的这句诗，而从顾城这句诗里得到启发，人们可以用多维的角度来看待市场的长尾与产品的细分。更重要的是，企业家要转换思想，把产品的差异化、营销的差异化、经营模式的差异化做好。差异化为的是鹤立鸡群，为的是让企业在某方面出彩，与目前红海中的企业和它们的同质化区分开来，使自己的企业品牌与产品脱颖而出。开拓细分市场没有那么难，避开主流企业的红海市场，避开以价格战为主的同质化市场竞争才是企业的发展方向。企业是以盈利为目的的，不盈利的企业就是要流氓。话糙理不糙，一个企业必须盈利，才能支付给员工优厚的薪酬，才能做好产品，才能够足额纳税。

三、应用创新与基础创新并举

技术创新是永恒的话题，因为技术创新的快与慢，决定了企业发展的快慢。诺贝尔发明雷管与黄色炸药，从此诺贝尔公司的相关专利获得近 400 项，使诺贝尔的企业发展稳步向前。爱迪生作为一名发明大王，更是一名出色的企业家，从直流电到灯泡，爱迪生的发明催生了公司的快速发展，这就是通用电气的前身。技术创新亦是企业引领行业发展的先决条件。在这里，也着重说明企业在基础创新与应用创新的几方面，以求对公司经营管理人员有所启发。基础创新的两方面，一是基础研究创新性的理论，一是基础创新开创新的产品、行业。

基础研究创新已经越来越难。但就是因为难，一旦研究创新成功，就会打开一个庞大的产业市场，从而成为垄断型的产业集团，来获得高额的垄断利润，这已经成为共识。基础研究创新直接推开了第一次工业革命、第二次工业革命、第三次工业革命的大门，使世界的发展日新月异，直接让社会受益，开启了人类文明的新篇章。根据力学、热力学、电磁学、核物理、数学等原理，发明了蒸汽机、电机、发电机、柴油机、核能、计算机等。基础创新在近几十年的显著成果越来越少，主要原因就是科学家在理论创新领域的进展越来越难。特别是在高科技产业领域，一项新的研究成果到产业化发展，所需要的时间越来越长，所投入的资源越来越巨大，这已经成为一个不争的事实。

以纳米科技为例：在 1959 年 12 月召开的美国物理学会年会上，著名物理学家、诺贝尔物理学奖得主理查德·费曼教授做了一个著名的演讲《底部还有很大空间》，首次提出可以在分子与原子的尺度上加工与制造产品，甚至能够按照人的意愿逐个排列原子与分子。费曼在演讲中首次阐述了自下而上的制备材料的思想，即通过操控原子、分子来构筑材料，这是人类关于纳米材料科技最早的梦想。

1974 年，东京理科大学教授谷口纪男率先提出纳米技术一词，用来描述原子或分子级别的精密机械加工。

1981 年，IBM 公司苏黎世实验室的格尔德·宾宁和海因里希·罗雷尔发明了扫描隧道显微镜，使人类首次直接观察到原子，为测量原子与操纵原子、分子等技术奠定了基础。两人因此与电子显微镜的发明者鲁斯卡分享了 1986 年诺贝尔物理学奖。

1985 年，宾宁和罗雷尔还与斯坦福大学的奎特教授合作推出了原子力显微镜。扫描探针显微镜已成为微区分析领域的主流设备之一，成为纳米尺度物质检测的重要手段。

1986 年，美国人 K 受菲曼教授演讲启发，对纳米科技的概念进行了深入的探究与广泛的引申，首次系统地阐述了纳米科技的重大意义与美好前景，出版了第一部有关纳米科技的书籍。

1989 年，在加州圣何塞的 IBM 阿尔马登研究中心，公司的科学家唐艾·格勒和埃哈德·施魏策尔使用 35 氙原子拼出 IBM 公司的标志，进一步表明了纳米颗粒的可操作性。

1990 年 7 月，在美国巴尔的摩召开的第一届纳米科学技术会议，标志着纳米科技的正式诞生。会议上统一了纳米科学技术的基本观念，正式提出纳米电子学、纳米机械学的概念，并正式出版《纳米机构材料》《纳米生物学》《纳米技术》3 种正式刊物。

1991 年，日本 NEC 公司科学家饭岛澄男发现了单壁碳纳米管的厚度只有钢的 1/6，强度是钢的 10 倍。IBM 公司则成功操纵分子排列出一个卡通人的图形，实现了对分子的操纵。

1992 年，美国科学家发现纳米钴粒子镶嵌在铜膜中构成的颗粒膜具有巨磁电阻效应。中国科学院真空物理实验室采用 STM 在硅单晶表面搬迁原子，形成"中国"的汉字图案。

1994 年，美国开始着手研制"麻雀卫星""蚊子炸弹""苍蝇飞机""蚂蚁工兵"等，纳米科技逐步在国防领域显示出威力。

1997 年，美国科学家首次成功地用单电子移动单电子，利用这种技术可望在 20 年后成功研制出速度和存储容量比当时高成千上万倍的量子计算机。

1999 年，巴西和美国科学家在进行纳米碳管实验时发明了世界上最小的"秤"，它能够称量十亿分之一克的物体，即相当于一个病毒的重量。此后不久，德国科学家研制成能称单个原子的秤。

2000—2006 年，各种纳米带、线等二维纳米物体以及纳米机器相继在实验室制备成功，对纳米物质的检测表征有了进一步的发展。或许在不久的将来，人们采用的电脑显示器只是你面前的一片空气，所显示的内容可以是大脑想象的图像，也可以是接收到的特定图像信息，国外科幻大片中的图像不再是梦。

近年来，一些国家纷纷制定相关战略或者计划，投入巨资抢占纳米科技战略高地。日本设立的纳米材料研究中心，把纳米技术列入新 5 年科技基本计划的研发重点。德国专门设立纳米技术研究网。美国政府部门将纳米计划视为一次工业革命的核心。美国政府部门将纳米科技基础研究方面投资从 1997 年的 1.6 亿美元增加到 2001 年的 4.97 亿美元。

纳米科技相信大家很熟悉，因为现在纳米科技已经深入人们的生活中。智能手机中人们最熟悉的是手机的配置，如 1080P 的显示屏，6G 的内存，高通 875 的芯片、海思麒麟 990 芯片等。当说到手机芯片时，一般宣传的就是麒麟芯片，采用的是 7 纳米工艺，说的就是芯片制造流程中的工艺水平是 7 纳米的制备技术。这才是人们看得见、用得着的纳米技术之一，绝不是前几年市场中出现的"纳米袜子""纳米保健品"等营销噱头。纳米是一个长度单位，由此引发的材料变革正在加速产业化、多品化，其技术的实现，还有很长的一段路要走。

从美国物理学家查理德·费曼提出理念到实验，形成理论名称统一，再到部分产品的技术成熟及产业化，已经过去了 61 年。虽已经过去了整整 61 年，纳米科学技术的魅力才刚刚开始，一如美国预测的，纳米科学技术将成为新工业革命的核心。这是不可否认的，无须质疑的，第四次工业革命的核心，你可以认为是人工智能、5G、生物科技、量子计算机等，其核心还是以纳米科技为基础的材料和工艺来实现的。由此看来，21 世纪是纳米科技综合应用的世纪，纳米技术是新工业革命的核心，这就是基础研究的重大发现与成果。

应用创新可以分为三方面。

1. 应用技术创新

应用技术创新相对于基础创新而言，难度要低得多，而且可以立竿见影，更快地为企业带来效益。打一个比方，如果说基础创新的高度和水平是发明专利，那么，应用创新就是实用新型专利、外观专利。当然，现在绝大部分发明专利与实用新型专利，都应归类于应用技术创新。由此可见，中国每年发明专利申请量超过 100 万件，实用新型专利更多一些。那么，也可以归纳为中国的绝大部分专利都是应用技术创新。也由此可以说，中国在应用技术创新上有多么庞大和强大的力量！

　　应用技术创新是国内企业最为擅长的。国内企业在原创方面创新不足，但在应用创新方面，中国企业说第二，还没有哪个国家的企业能说第一。国内企业在技术应用创新上，几乎所有的行业中有一些很明显的影子。如家电行业的空调器，前几年都在推广负氧离子净化器的功能，这就是一个典型的应用技术创新，效果不错，让空调完成了增值。技术应用创新就是在原有产品的基础上，不断地开发附加功能，而这个附加功能恰好可以迎合消费者的消费习惯与心理，使产品本身增加市场的竞争力，同时又提高产品的盈利空间。

　　应用技术创新适合企业进入细分市场，做强细分市场的份额，做大细分市场的竞争力。应用技术创新是企业发展投资少、见效快的措施之一，也是中小企业由小到强转变的关键因素。国内企业重视应用技术创新，也因此涌现出众多的行业领军企业、冠军企业、国家高新技术企业与行业独角兽，这就是创新的结果。

　　应用技术创新不怕少，积少成多。国内企业从复制到学习，再到创新，这已经表明了中国企业的适应性强、学习能力强、创新能力强。假以时日，中国企业在应用技术创新的积累上加大基础创新，相信中国企业更能在国际市场的大舞台上大放异彩，谱写基础研究创新的辉煌篇章，更会在应用技术创新的世界称王。

　　2. 管理创新

　　对于中国企业而言，管理创新的难度估计要比技术应用创新难。首先中国的企业管理一直是弱项，都在努力地学习国外的先进管理经验，前文也讲过，国内企业的管理是从农业社会的管理水平直接到了半工业、半信息社会的管理水平。国内企业的平均管理水平，真如中华人民共和国成立前的情况，那时是半殖民地半封建社会。而国内企业的管理实况是半农业、半工业、半信息社会的管理水平的综合体。这就是中国大部分企业的管理水平现状。中国企业在管理方面与国际水平有较大的差距，这是不争的事实，即使如华为这样强大的企业，都谦虚地说，自己与国际水平还差得远。华为在引进 IBM 的管理时用时 10 年，使华为完成了凤凰涅槃般的蜕变，并成为国际化的公司。

管理创新包含三方面：理论创新、制度创新与流程创新，这三方面的创新，共同推动管理水平的提高与企业效益的不断提升。

（1）理论创新

管理理论创新，一直是引导管理学与管理发展的主要因素。管理学启蒙从泰罗的《科学管理》到法约尔的一般管理理论及韦伯的"官僚制"理论开始，开启了企业管理的篇章。在明茨伯格的经理人制度、德鲁克的目标管理、卡斯特的《系统理论与管理》、西蒙的管理决策理论中都对现在的管理具有很强的操作与指导意义。管理理论的不断发展，其本质是对管理理论的不断完善，使管理理论由浅入深、由简到精、由根到生枝叶。近 10 年管理学的创新略有减少，相对知名的大概要数迈克尔·波特的《竞争论》。

迈克尔·波特的管理理论强调竞争的几个关系，包括战略，理论较为详尽，只是目前尚缺实际的、成效巨大的样板案例。稻盛和夫的书不少，国内现在推行的阿米巴经营模式，也吸引了部分企业家学以致用，但平心而论，稻盛和夫的阿米巴经营模式对中国中小企业起到的作用不会很大。这里有两个因素制约了阿米巴经营模式在中国中小企业的落地生根：一是日本国内的企业家素质与员工素质，是国内中小企业远远不能与之相提并论的。另一个原因就是国内中小企业的制度不完善与员工薪资水平低导致的向心力不够，这种情况下，单纯讲业务单元核算也是适得其反，员工认为企业为了减少薪资，而且把经营风险甩给了员工。从这两方面而言，学习稻盛和夫会风行一时，而这个风行一时，也仅仅是培训机构在盈利驱使下的成果而已。

国内中小企业学习是好事，但尽量不要盲目学习与贸然实施，不然是对企业最坏的伤害。如果企业一定要学习，建议企业好好学习任正非，因为任正非有三方面更值得企业去学习，也更值得企业去实施。

第一方面是任正非的战略定力。

如华为在引进 IBM 的管理后，面对部分管理人员的不满时，任正非讲，先引进、再固化、再优化，不换思想就换人。讲这句话是需要大智慧、大魄力的，因为实达电脑在引进麦肯锡时就因为在推进中遇到阻力而溃不成军。所以这一点来讲，任正非有战略定力，下了决心就不要动摇，坚持到底。

第二方面是任正非坚持技术研发。

华为的发展壮大与技术研发是密不可分的，更是通过技术研发而受益的。华为是以程控交换机研发开始的，特别是在研制万门机时，任正非的背水一战是极其悲壮的，如果失败了，巨大的债务可能会让任正非"跳楼"。华为的研发是一路坚持投入走过来的，而这一点，在国内企业极为罕见，所以建议国内企业好好学习华为对研发投入的持续性。

第三方面是任正非的经营思想。

任正非已经成为国内企业界的教父，虽然任正非低调，也无法阻止任正非的文章会成为企业界最好的精神食粮。任正非的文章有预见性、有哲理性、更有人性的光辉。《华为的冬天》《我的父亲母亲》《一江春水向东流》《华为的红旗到底能打多久》等，都已经成为经营人心中的经典。任正非不仅写了文章，更在企业发展中有很深刻的体现。2019年面对美国政府的打压，华为备胎计划相继出现在世人面前，这就是任正非的深谋远虑，这正是任正非思想的体现。

管理思想、管理理论，从萌生到形成，到社会应用，是一个循环。希望中国的学者、企业家，可以在这一领域有创新，让中国的企业管理更上一层楼。

（2）管理制度与流程的创新

管理制度创新，一直是直接提高企业管理水平的工具。在这一方面，可以从甘特工作图就可以体会到，甘特工作图在协调多订单、多品种的生产进度上起到决定性的作用。又如六西格玛管理诞生到实施，让摩托罗拉、通用电气等企业受益匪浅，使公司产品质量大幅度提升，百万件中仅有3.4件存在质量缺陷。管理制度的创新可以在多方面，甘特工作图的创新在于生产进度管理，而六西格玛管理创新在于生产全流程的质量控制创新。由此来看，管理制度的创新是无止境的。

在管理制度的创新上，青岛海尔的创新也值得称道。海尔在张瑞敏的带领下，取得了很高的成就，究其原因，就是海尔在制度创新上取得了长足的发展。海尔从日清日高工作法到5S生产管理，再到人单合一的流程变革及每人都是创客，由此可见海尔在制度创新上不断进步、优化与升级。制度创新是确保与公司规模、经营水平保持适度超前的原则，以求带动公司的生产效率与经营效率的提升，同时带来公司更强大的竞争力与效益。

3. 商业模式创新

商业模式创新也称为经营模式创新，是在2000年后才逐步在国内兴起的，国内企业以前对经营模式和商业模式是很陌生的。比如，国美电器的家电连锁，在向全国扩张的路上，引起了百货公司、家电公司的"围剿"，结果就是越"围剿"越强大，从而成为国内最大的家电连锁企业。国美电器的成功打破了原有计划经济与市场经济双轨制时期的圈圈框框，更为家电的普及做了最好的推动，普惠了消费者。家电连锁的兴起，更是让酒店业看到巨大的商机，由携程投资的如家酒店连锁针对社会上消费者的实际消费情况推出了连锁快捷酒店，更是迅速发展并于美国纳斯达克上市。如家快捷酒店的成功，带动了连锁酒店业的快速发展，锦江之星、汉庭、七天、格林豪泰等也迅速开始跑马圈地。

商业模式是考量一个企业能否迅速做大规模的基础，商业模式的优点就是你的商业模式，就是你公司的核心竞争力，就是你公司可以快速复制的发展力。从商业模式的发展情况来看，可以分为两种：一种是舶来商业模式，一种是在传统产业基础上的创新商业模式。

舶来商业模式是指在国外已经有的、被复制到中国，同时根据中国的国情加以改进的，这类的商业模式以互联网创业项目为多。近几年国内电视台娱乐节目也沿用了这个模式，在国内复制国外收视率高的栏目，在国内制作播出。这类商业模式的优点是成熟度高、成功率高、试错成本低。但缺点也明显，有些存在侵权的行为，为后期运营埋下一个定时炸弹，必须引以为戒。

传统产业的模式创新。国内众多企业开始在传统产业的基础上，嫁接新的经营理念，用跨界的思维推倒重来，使传统产业焕发新的光彩。连锁是最为成功的商业模式，从国美电器所处的家电销售，到如家快捷酒店所处的宾馆住宿，携程所在的售票系统，永和豆浆所在的餐饮行业，加多宝所在的凉茶行业等，都是在传统产业的基础上进行创新的。

经营模式创新已经成为企业迅速做大的最好工具，2018 年，中国独角兽估值超过 10 亿美元的共有 203 家，其中估值超过 100 亿美元的独角兽共计 13 家。2019 年，估值超过 10 亿美元的独角兽共计 161 家，估值总和高达 7134.86 亿美元，折合人民币 5 万亿元。其中，蚂蚁金服估值高达 1500 亿美元，今日头条估值 750 亿美元，滴滴出行估值 450 亿美元。从独角兽名单来看，基本上是以经营模式创新与技术创新的领先企业，由此可见，国内企业在商业模式创新与技术创新的路上，还有大量的后来者。

四、做行业的隐形冠军

管理学家赫尔曼·西蒙对隐形冠军的研究表明，隐形冠军是全球化的先锋，特别是以德国制造为代表的隐形冠军在行业内享有盛誉，但往往不被普通消费者所熟知。

隐形冠军企业富于创新，以此形成竞争优势。根据研究，85% 的德国隐形冠军企业是"科技领导者"。它们平均在研发上投入营收 5.9% 的费用，超过 20% 的隐形冠军企业研发费用甚至高达 9%，是德国其他企业平均研发费用的 3 倍多。它们强调全方位创新，除了产品创新以外，流程和服务创新也是它们创新并实现差异化的重要内容。仅从每千名员工获得的专利数量来看，隐形冠军企业高达 31 项，远远超出大型企业的 6 项。创新至死的企业精神深入骨髓，使得它们成为全球行业先锋和标准的制定者。

隐形冠军企业根植于强大的企业文化，并以此作为领导力的核心。这些企业家明确使命和原则，但细节上讲究灵活，员工队伍高度稳定。

隐形冠军企业以事业深入人心，给员工充分的工作动力和成长空间，这使得员工变身为企业成长的宝贵资产。

目前德国有1307家隐形冠军企业活跃在世界舞台上，占世界隐形冠军总数的近一半，而中国的隐形冠军企业数量截至2014年仅有68家。中国2019年估值10亿美元以上的独角兽企业为161家。中国的独角兽企业与隐形冠军企业尚有差距，主要体现在企业的运营思路与战略上：隐形冠军企业以稳健长寿见长，而中国的独角兽企业以快制胜。

独角兽为神话传说中的一种，它稀有而且高贵。美国投资人在2013年将私募和公开市场估值超过10亿美元的创业公司做出分类，并将这些公司称为"独角兽"。然后这个词迅速流行于硅谷，并且出现在《财富》杂志封面上。独角兽企业，是指那些初创公司估值达10亿美元以上的企业。独角兽企业要特点鲜明：第一，独角兽企业创业时间短，一般都是3~5年的创业公司。第二，独角兽企业的增长速度快。第三，独角兽企业基本都是处在细分市场具有垄断地位的特征。第四，独角兽企业的技术积累比较少，大部分以商业模式创新为主。

隐形冠军企业才是独角兽企业的未来。从企业的稳定发展与长寿来看，独角兽企业远不能够与隐形冠军企业相比。隐形冠军企业一般都有30年以上的历史，小部分隐形冠军企业则有近百年历史。而独角兽企业则其兴也勃焉，其亡也忽焉，更多的则是通过烧钱达到一定的市场地位，然后上市圈钱或者估值合适，就转手卖给别的企业。独角兽企业走的是市场的验证式发展之路，更多的企业则是迅速升起来，而又更快地衰败下去。独角兽企业是风险投资所喜爱的，那就是可以烧钱抢市场，亏损再融资，为的都是后期上市或者并购后的暴利。独角兽企业很少有使命感，也就没有长寿的基因，这样的起落，只是浪费了更多的社会资源。独角兽企业应该向隐形冠军企业转变，从投机型企业向长寿型科技型企业发展，才是独角兽企业的未来。

隐形冠军企业就是独角兽企业的基业长青。隐形冠军企业核心在于专一、专业、专注工匠精神的制造理念，加上技术创新日积月累形成专利池和行业标准乃至国际标准的制定权，及家族企业的管理力和远离资本市场带来的短期效应，这就是隐形冠军企业的核心特征。隐形冠军企业是企业界中的恒星企业，而不是流星企业，从这一点来讲，是国内所有企业都要学习与研究的样本，更是独角兽企业所需要调整发展的方向。独角兽企业的基业长青，就一定把独角兽企业发展成为隐形冠军企业。

有使命感的企业家才是隐形冠军企业的基石与前提。使命感是根植于内心的情怀。西奥多·罗斯福在1899年说："尝试伟大的事情，赢取光荣的胜利，即使遭遇失败，也远胜过与既不享受多少东西，也不承受多少痛苦的可怜虫为伍，因为他们活在不知战胜和败退为何物的灰色朦胧地带。"只有人格伟大的人才能创立伟大的事业，只有具有使命感的人，才能带动企业更好地长久发展，为社会做出卓越的贡献。

有使命感的企业家才有奉献精神，这是最难能可贵的，有奉献精神的人，还有什么事情做不好呢？一如中华人民共和国成立后归来的第一批科学家们，没有他们的归来，我国强大的国防无从谈起。他们是因为有崇高的使命感和伟大的奉献精神，放弃国外优厚的待遇，回到一穷二白的新中国，在困难中奋发图强，使新中国不怕核讹诈，让新中国站了起来、强了起来。

有使命感的企业家是有担当的人，是迎难而上的人。使命感不是空洞的，更不仅仅是情怀，而是有实际行动的，是勇于开拓的，这样的企业家，才是真正的企业家，才是隐形冠军企业的特质，也是隐形冠军企业的文化核心。

五、从普通到优秀

国内大部分企业，要承认自己是很普通的，不要以得过什么奖、有什么证书而自豪。市场的竞争是现实的，更是综合实力的竞争，一时的取巧，错过的恰恰是发展的良机。近几年总在唱衰传统产业，而传统产业也的确表现得江河日下，但回看德国的隐形冠军企业，几乎都是传统产业。如果传统产业不行了，为什么德国的隐形冠军企业却一路走高、一路向好呢？

逆向思维造就隐形冠军企业，更塑造了品质经济。从德国的隐形冠军企业到日本制造，都给我们一个启示，那就是德国制造好、日本制造好。好在哪？德国的一口锅，可以用几十年，日本的马桶盖引来中国游客抢购，是什么造成这种现象？是思维！在中国企业的经营中，市场的竞争在价格战阶段的产品售价每一次下降，必然会使公司原料采购、生产过程中追求降低成本以保持盈利。这样就形成一个恶性循环，降价—降低采购成本—减少生产环节工艺—再降价……这样的情况在国内普遍存在，也是市场竞争的写照。其最后的结果就是价格的一降再降，产品却也不是产品，已经是接近废品了！春都火腿肠就是在价格战中，降价、降质量、降价、降质量，最后火腿肠只是一根淀粉棍！这就是我们国内大部分企业惯用的思维，只不过这种惯性思维是一路下滑的惯性思维，是走向自我毁灭的惯性思维。

　　如果国内企业去看德国制造，去看日本制造，都感觉它们与我们反其道而行！它们的公司或许并不大，但它们的企业在专一、专业、专注的工匠精神下，却更喜欢在采购中增加10%的成本，只为要求高质量的原料。宁愿在生产工艺中多花10%的生产成本，只为追求一个产品的品质完美。这就是德国制造与日本制造的秘密。也是让中国消费者宁愿多花一倍两倍的价格购买的原因。但它们这种经营理念，在国内企业看来，完全是逆向思维的，完全是逆市场而行的！殊不知，它们本身的做法，却是做企业应有的本分，本来就是理应如此。那么，我们国内企业的问题出在哪里呢？仅仅是企业本身吗？还是市场的从众心理呢？

　　我们可以做一个历史回顾，德国、日本从第一次工业革命、第二次工业革命开始，它们的企业就历经市场经济的洗礼。德国、日本的企业也是从市场竞争的初级阶段解决产品有无的时期到市场普及期的价格战阶段，然后过渡到市场成熟阶段的品质期、品牌期。因为它们的企业经历几十年甚至上百年的发展，企业不仅仅是发展稳定，更重要的是它们经营思想的成熟。它们的企业已经处在成熟市场的品质经营阶段，这就是它们成为隐形冠军的底蕴，因为它们的竞争对手，已经被它们淘汰了。它们的企业已经是市场竞争中数一数二的胜利者，也可以说，它们是市场竞争中最后的剩余者了。它们不仅是隐形冠军企业，更是市场经济发展的见证者与鉴证者。我国的企业，自改革开放算起，也不过40年左右的时间。

　　国内经济也历经过从一穷二白到快速发展的上升期。我国的市场化才是1992年前后的事，所以，我国的市场化其实也不过30年而已。30年的时间，我国追赶国外一两百年的历史发展，肯定是不现实的。在市场经济中、市场竞争中，我国都还是中小学生而已。国内企业在国内市场的竞争中还处于市场的发展阶段，也就是价格战时期。

国内企业还要经过几十年，才会进入市场的成熟阶段，也就是市场的品质时期。如果从国外市场经济的发展历史来看中国，国内市场即将进入企业大浪淘沙的淘汰期，只有有使命感的企业，只有做隐形冠军企业战略的企业，才有可能在市场的成熟阶段成为最后的胜利者与幸存者。

国内的企业绝大部分是普通企业，经营管理水平距离优秀还有点距离，因为企业还没有完成市场经济对企业完整的竞争洗礼。《从优秀到卓越》《追求卓越》《基业长青》很好，但离我国中小企业的确有点远，中小企业还在从普通到优秀进化的路上。中小企业虽然普通，相信可以在管理创新、技术创新、经营创新中逐步赶上。中国企业更重要的是思想创新与逆向思维锻炼，这才是中国企业家基本的素质。国内企业家要把使命感提升与升华，才能提升格局与胸襟，具备国际视野，才能有情怀做成隐形冠军企业，而不仅仅是愿景。

企业从普通到优秀的进化与升华，不仅需要时间与市场的洗礼，更需要企业家精神的担当。中国企业家不缺智慧、不怕辛苦，需要的是坚守与持之以恒。国内企业在从普通到优秀的路上，明确了管理创新、技术创新、经营创新、使命，那么，剩下市场历练时间，来共同走向成功，那就是隐形冠军企业，这象征着普通的结束，优秀的开始。